한반도 평화체제론

-함께 걸어가는 평화의 길

한반도 평화체제론
-함께 걸어가는 평화의 길

김은진 지음

리아트 코리아

목 차

평화 없이 통일 없고, 통일 없는 평화 없다

"나는 전쟁을 보았다. 그 후 평생 민족의 화해와 전쟁이 없는 세상을 꿈꾸며 살았다."

『김대중자서전』에 나오는 말이다. '전쟁이 없는 세상'은 분단체제에서 살고 있는 우리 모두의 꿈이고, 실존적인 과제이다. 그렇기 때문에 우리 모두는 반전평화운동의 실천적 의의에 주목해야 한다.

유감스럽게도 우리는 전쟁위기에 둔감하다. 지속적으로 한반도 위기설이 나오고, 일촉즉발의 군사적 위기가 조성되기도 했지만 우리는 과연 '위험'을 얼마나 느끼는가? 동족상잔의 비극인 6·25 전쟁에서 3백만 명 이상의 사상자가 발생했지만, 지금 전쟁을 겪은 당사자들 외에 그 비극적 숫자의 의미를 얼마나 현실적으로 느낄지 의문이다.

한반도에서 다시 전쟁이 일어나면 그 피해는 1950년대 수준에 그치지 않고 우리 민족은 회생 불능의 상태에 빠질 것이다. 일찍이 단재 신채호 선생은 "역사를 잊은 민족에게 미래는 없다"는 말을 남겼다. 70년 전의 분단, 65년 전의 전쟁, 이것은 역사라고 부르기에는 너무도 가까운 비극적 경험이었다.

분단과 전쟁의 고통이 우리 일상에 심각한 영향을 주는데도 왜 우리는 애써 눈을 감으려는 것일까? 귀찮은 일, 생각하기도 싫은 일은 우선 피하려는 안정심리의 속성 때문일 수도 있다. 아니면 일상에 미치는 분단과 전쟁의 고통을 몰라서, 상시적인 위기가 초래한 위기 불감증 때문일 수도 있다. 젊은 세대들에게 민족공동체를 중시하는 관념이 점점 희미해지고 있는 현상도 하나의 요인일 것이다.

그러나 현실에 눈을 감는다고 해서 분단체제의 실존과 그 영향력이 없어지지는 않는다. 오늘도 휴전선 155마일에서 남북의 젊은 이들이 서로에게 총부리를 겨눈 채 대치하고, 그런 가운데 끊이지 않는 병영 사고로 우리 청년들의 삶이 일그러지고 있다. 한반도에서 군사적 대치상황을 완화하고 평화적으로 공존하려는 적극적인 노력 없이는 반복되는 전쟁위기를 극복할 수 없고, 정전체제를 평화체제로 바꿀 수도 없다.

일부 한반도문제 전문가들은 남북 당국이 남북대결을 정권의 정당성과 안정에 활용하고 있다면서 '적대적 공존'을 이야기한다. 그러나 '적대적 공존'이란 틀이야말로 민족적 자긍심을 단번에 뭉개버리는 한심한 표현이다. 남과 북의 정권(당국)이 각기 국민(인민)의 지지라는 토대 위에서 적대적 공존을 지속하기로 하고 이를 이용하기로 든다면 분명히 분단체제는 장구한 세월 동안 지속될 것이다. 분단체제가 존속하는 한, 경쟁과 대결과 적대, 상대에 대한 비방 중상을 피할 수가 없고 결국은 소모적 군사대결이 심각해지지 않을 수 없다. 그렇게 보면 실상은 '적대적 공존'이라기보다는 '적대적 대결'인 것이다.

우리는 남과 북의 중요한 합의를 '적대적 공존'의 수단과 장치로 폄훼하려는 일부 전문가들의 허무주의적 경향을 경계하여야 한다. 남북 당국이 남북대화를 정권 차원에서 이용한다는 점에 지나치게 주목하면서 남북 간 합의에 대해서도 의미를 깎아 내리려는 시도에 휩쓸려서는 안 된다. 옛말에 '천리 길도 한 걸음부터'가 있고, 중국의 옛말에도 '우공이산(愚公移山, 우공이 산을 옮기듯이 난관을 두려워하지 않고 굳센 의지로 꾸준히 노력하면 성공하지 못할 일이 없다는 고사)'이 있듯이 작은 실천에 적극 나서는 것이 중요하다.

지금 우리 앞에 놓인 것은 '평화적 공존'이냐 '적대적 대결'이냐의 양 갈래의 길이고, 우리는 당연히 '평화적 공존'을 선택해야 한다. 설사 적대적 공존의 분위기가 일시적으로 나타난다고 하더라도 적극적으로 평화적 공존을 선택함으로써 적대적 공존이 발을 붙일 수 없게 하여야 한다. 평화적 공존과 항구적인 평화체제는 지금 당장 실천해야 할 절박한 민족사적 과제이다.

'평화적 공존'의 선택이 우리에게 낯설지도 않다. 1972년 7·4남북공동성명을 통해 남과 북은 이미 "남북 사이의 긴장상태를 완화하고 신뢰의 분위기를 조성하기 위하여 서로 상대방을 중상 비방하지 않으며 크고 작은 것을 막론하고 무장도발을 하지 않으며 불의의 군사적 충돌사건을 방지하기 위한 적극적인 조치를 취하기로 합의"하였다. 또한 7·4공동성명은 조국통일원칙의 하나로 "통일은 서로 상대방을 반대하는 무력행사에 의거하지 않고 평화적으로 실현하여야 한다(평화적 통일)"고 밝혔다. 남과 북은 42년 전에 이미 평화적 공존, 그리고 평화적 방법에 의한 통일에 합의했던 것이다. 이러한 합의가 지금껏 실현되지 못했다고 해서, 그리고 남측에서 1972년 10월에 유신헌법(종신제적 대통령제)이, 북측에서 그해 12월에 사회주의헌법(국가주석제)이 각각 채택되었다고 해서 7·4남북공동성명의 정신과 합의 내용의 빛이 바래지지는 않는다.

또한 남과 북은 1991년 12월 13일에 「남북 사이의 화해와 불가침 및 교류협력에 관한 합의서(남북기본합의서)」를 체결하였다. "남과 북은 의견대립과 분쟁문제들을 대화와 협상을 통하여 평화적으로 해결한다"는 평화적 공존의 꿈은 7·4공동성명이 나온 지 20여년의 세월이 흐른 뒤에도 여전히 살아있음을 보여주었다.

2007년에는 6·15공동선언(김대중 대통령-김정일 국방위원장,

2000년)의 정신을 이어받아 대한민국 대통령 노무현과 조선민주주의인민공화국 국방위원회 위원장 김정일이 「남북관계 발전과 평화번영을 위한 선언(10·4선언)」을 발표하였다. 이 선언을 통해 남과 북은 "군사적 적대관계를 종식시키고 한반도에서 긴장완화와 평화를 보장하기 위해 긴밀히 협력(제3항)"하기로 하였고, "현 정전체제를 종식시키고 항구적인 평화체제를 구축해 나가야 한다는데 인식을 같이하고 직접 관련된 3자 또는 4자 정상들이 한반도 지역에서 만나 종전을 선언하는 문제를 추진하기 위해 협력(제4항)"해 나가기로 하였다.

남과 북이 2007년에 평화적 공존을 넘어 항구적인 평화체제 구축에 합의한 것은 역사적인 사건이었다. 남과 북이 이를 제대로 실천했더라면 오늘날 다함께 평화의 길을 걸어가고 있었을 것이다. 그러나 유감스럽게도 이명박-박근혜 정권 하에서 6·15공동선언과 10·4선언은 제대로 이행되지 못했다.

우리는 7·4남북공동성명(자주, 평화적 통일, 민족대단결의 통일 3원칙)과 6·15공동선언, 10·4선언 등 남과 북의 합의를 휴지조각으로 만들려고 하는 모든 개인과 단체, 정치세력에 대하여 평화의 길을 가로막는 '분단세력'이라고 부르지 않을 수 없다. 이들은 남과 북의 대화와 협력보다 기득권을 유지하려는 현상유지에 힘을 쏟으면서 일방적으로 한미동맹 강화를 내세우며 한·미·일 군사협력체제의 본격화에 호응하고 있다. 미국 중심의 세계체제에서 다극화체제로 변화하는 세계질서 속에서 한·미군사동맹체제는 시대적 추세에 뒤떨어진 냉전시대의 유물일 뿐이다. 특히 한미동맹 체제에만 매달리는 것은 한반도에 평화보다는 분단의 지속과 군사대결의 심화를 초래할 것이다.

전쟁이냐, 평화냐의 기로에서 평화의 길을 '선택'하는 일의 중요성은 아무리 강조해도 지나치지 않는다.

우리는 일상에서 "평화를 지키자면 군사력 증강이 답"이라고 주장하는 이들을 심심치 않게 맞닥뜨리게 된다. 대결상태에서 어느 한쪽의 군사력 증강은 필연적으로 다른 쪽의 군사력 증강을 가져온다. 미국과 소련의 냉전기에 핵 무장력을 중심으로 한 군사력의 상호경쟁은 소비에트연방공화국의 몰락으로 끝이 났지만 '계단식 군비경쟁'은 실로 위험천만한 '치킨게임'이었다.

한국 국방부와 합동참모본부의 군 지도부는 기회가 있을 때마다 첨단무기 도입에 필요한 국방비 증액 요구에 목을 매는 경향을 보여왔다. 국방부는 전반적인 전력에서 볼 때 무기보유량은 북한이 많고 한국은 최첨단장비를 갖춘 공군과 해군 때문에 전력상 우위이기는 하지만, 비대칭전력의 측면에서는 북한이 우위라고 설명해왔다. 이것이 사실이라면 전쟁수행능력과 관련하여 한국이 아무리 최첨단무기를 도입하더라도 북한의 '비대칭전력 우위'라는 전력구도는 깨지기가 어렵다. 북한이 비대칭전력의 우위에 집중한 것은 어디까지나 미국과의 전면전을 상정하고 있기 때문이고, 이것은 불안정한 정전체제가 지속된 데 따른 것이라 할 수 있다.

북한은 미국의 3대 핵타격수단(핵전략폭격기, 핵잠수함, 대륙간

탄도미사일)의 한반도 전개에 대하여 '핵보유국'임을 선언하고 핵
억제력과 핵보복타격력을 강화할 것을 천명한 바 있다. 북한이 보
유한 핵무기 숫자는 보잘 것 없는 것일지라도 이미 핵보유국으로
인정되고 있고 소량화·경량화·정밀화에 진입하고 있다는 우려의
소리도 높다. 북한은 미국의 군사적 위협을 강조하면서 군사력을
증강시켜온 국가이다.

이에 비해 한국은 한미동맹에 의존해 군사력을 전개해왔고 최
근에 와서야 자주국방을 내세우기 시작했다. 현 상황에서 군사력
증강을 통한 평화유지가 과연 의미가 있는가에 대해서는 군사전
문가들조차 회의적인 시선을 보내고 있다. 천문학적인 비용에 비
해 북한의 '비대칭전력 우위'를 뛰어넘는 효과를 기대하기 어렵기
때문이다. 한국은 인도에 이어 '2대 무기구매국'(스웨덴 스톡홀름
국제평화연구소, 2007~2011년 통계)의 명패를 목에 걸고 있지만
최첨단무기 도입의 효과를 거두지 못하고 있는 것이다.

한미동맹의 강화가 과연 평화를 가져올 것인지에 대해서도 의
구심이 꼬리를 문다. 미국의 아시아태평양지역에 대한 전략적 방
침은 '아시아로의 회귀(Pivot to Asia)' 또는 '재균형(Reballancing)'
이라는 말에 집중적으로 표현되어 있다. 아·태지역에서의 전략적
우위를 차지하겠다는 의도다. 이는 북한의 대량살상무기의 위험
성을 빌미로 대륙(중국)봉쇄정책을 펴겠다는 것이다. 미국은 중국
을 직접 자극하지 않으면서 북한이라는 우회로를 통해 중국에 대
한 압박전략을 구사한다. 미국은 한국, 일본과의 군사적 동맹관계

를 강화하면서 한·미·일 군사협력체제를 공고히 하고 있다. 3국의 군사정보보호협력을 위한 양해각서(MOU)의 체결이나 3국 합참의장 회의의 개최는 동북아 질서를 냉전시대로 회귀시키려는 '퇴행적 시도'라고 하지 않을 수 없다.

한반도의 지정학을 다루는 많은 전문가들이 이구동성으로 21세기 한반도 상황이 구한말과 흡사하다고 지적한다. 열강들의 각축에 제대로 대응하지 못한 우리 민족은 일본제국주의의 강점 하에 놓이는 민족사적 불운을 겪었고, 그 역사적 후유증은 여전히 지속되고 있다.

미국은 경제하락세와 재정위기로 국방예산을 자동삭감(sequest)하지 않을 수 없는 상황이 되면서 어쩔 수 없이 「4개년 국방검토보고서(QDR,Quadrennial Defense Review/ 2014~2017년)」에서 국방비 지출 감축을 결정했다. 그러나 미국은 북한 대량살상무기의 위협을 4년 전보다 부각시키면서 주한미군만큼은 충분한 규모를 유지할 것을 시사했다. 보고서는 중국의 해양 진출에 대항하기 위해 2020년까지 미 해군 함정의 60%를 태평양지역에 중점 배치할 뜻을 공공연히 밝혔다. 미국은 예산이 제약된 상황에서 아·태지역에 우선순위를 두는 '전략적 재균형'을 유지하는 가운데 동맹국에게 더 많은 부담을 전가할 것이 분명하다. 미국은 한국과 일본의 군사협력 강화를 요구하고 있고, 이는 대다수 한국인의 생각과 정면으로 배치되는 일이다.

최근 동북아 각국이 자국의 이익에 따라 북한과의 관계를 조정하는 분위기가 조성되고 있다. 이러한 정세 변화 속에서 박근혜 정부가 맹목적일 정도로 한미동맹의 강화에 집착하는 것이 과연 옳은가를 근본적으로 짚어보아야 할 때이다.

우리가 통일을 지향할 때 반드시 평화과정과 평화적 수단에 의한 통일이어야 한다는 점을 깊이 새겨둘 필요가 있다. 우리 민족은 전쟁과정과 폭력적 수단에 의한 통일은 어렵다는 것, 그 폐해가 오래갈 뿐 아니라 분단을 더욱 고착시켰다는 것, 분단의 고착화는 전쟁의 위험성을 상존시키게 된다는 것을 체험하였다. '통일 없는 평화'는 언제라도 깨어질 수 있어 불안정하지만 '평화 없는 통일'은 문제가 더욱 심각하다. '평화 없는 통일'은 체제통일이나 흡수통일 과정에서 민족의 대참사로 이어질 수 있다. 남과 북은 서로 다른 체제와 이념으로 70여년을 살아왔으며 이제 와서 인위적으로 체제와 이념을 통합하려 든다면 이에 대한 강력한 저항이 발생할 것이다.

한국의 보수세력이 지향하는 체제통일과 흡수통일에 북한은 강하게 반발하고 있으며, 이에 대해 양보할 의사가 추호도 없다. 더군다나 한국이 북한에 의한 체제통일과 흡수통일을 받아들일 리도 만무하다. 남과 북은 상대에 의해 체제통일, 흡수통일을 당하는 것을 아예 상정하지 않고 있다. 그럴 조짐이 나타날 경우 남과 북 내부의 일부 세력은 전쟁까지 불사하려 들 수도 있다. 우리가 입에 올리지는 않지만, 이처럼 자명한 이치와 상식이 종종 무시되고 있음은 안타까운 일이다.

이 대목에서 우리는 6·15공동선언의 합의를 떠올리지 않을 수 없다.

"남과 북은 나라의 통일을 위한 남측의 연합제안과 북측의 낮은 단계의 연방제안이 서로 공통성이 있다고 인정하고 앞으로 이 방향에서 통일을 지향시켜 나가기로 하였다(제2항)."

통일문제에 관심이 있는 대중이라면 누구나 이 구절을 알고 있다. 남측의 '연합제'안과 북측의 '낮은 단계의 연방제'안에 내재된 '공통성'에 기초하여 통일을 지향시켜 나간다는 것은 ▲'합의'에 의한 통일 ▲'상이한 체제와 이념'을 감안한 통일 ▲'평화와 공동번영'의 민족공동체를 중시한 통일 등을 상정한 것이다.

김대중 대통령과 김정일 국방위원장은 이처럼 전쟁과정과 폭력수단에 의한 통일을 포기하기로 합의하였던 것이다. 그러나 일부 보수세력은 6·15공동선언을 백지화하고 '합의'에 의한 통일, '상이한 체제와 이념'을 감안한 통일, 그리고 '평화와 공동번영'의 민족공동체를 중시한 통일 등에 반감을 드러내고 있다.

더욱이 6·15공동선언은 '연합제'안과 '낮은 단계의 연방제'안의 공통성을 강조하기에 앞서 "나라의 통일문제를 그 주인인 우리 민족끼리 서로 힘을 합쳐 자주적으로 해결해 나가기로 하였다"(제1항)고 천명하였다. '우리 민족끼리'의 정신과 통일문제의 '자주적 해결' 원칙을 분명히 한 것이었다.

'평화와 공동번영'의 민족공동체를 만드는 통일과정에서 '민족대단결'의 정신과 '자주적 해결' 원칙은 반드시 필요하다. 일부 보수세력은 '민족대단결'이나 '우리 민족끼리'의 정신을 북한의 통일전선전략으로, '자주적 해결' 원칙을 북한의 반미자주화투쟁 노선이라고 비판하면서 북측의 선동에 넘어가서는 안 된다고 주장한다.

그러나 상식적으로 보아 자주, 평화, 민족대단결 없이 과연 통일을 이룰 수 있을까? 박정희 정권이 자주·평화·민족대단결의 조국통일 3대원칙(7·4남북공동성명)에 서명한 이유도 이 3대원칙을 벗어나서는 그 어떤 것도 통일의 기본전제가 될 수 없기 때문이다.

이 책에서는 통일문제에 접근하는 이러한 기본전제를 바탕으로 우리의 관심을 평화체제 만들기에 좁혀보기로 한다. 왜 평화체제인가라는 근원적인 물음(평화체제에 관심을 가져야 할 이유)에서 출발하여 누구를 위한 평화체제인가(주체), 어떤 평화체제여야 하나(내용), 평화체제를 어떻게 만들어나갈 것인가(방법) 등을 다루고, 끝으로 평화운동세력의 실천과제를 제시하려고 한다.

한반도의 진정한 평화 정착과 평화체제 수립을 앞당기는데 미약하나마 도움이 됐으면 하는 바람이다.

이 책은 여러 전문가들의 도움과 토론을 거쳐 완성됐기 때문에 혼자만의 생각을 담았다고 할 수 없을 것이다. 도와주신 여러분께 거듭 감사의 말씀을 드린다.

2015년 5월 김은진 씀

제1장 왜 평화체제인가

"남북한이 지닌 군사능력과 상대에 대한 위협 수준을 구체적으로 파악해보면 왜 평화체제인가에 대한 해답이 저절로 나온다. 분명한 점은 남북한 모두 상대 측에게 심각한 타격을 줄 만큼의 군사적 능력을 확보하고 있고, 따라서 '공포의 균형'이 전쟁위기로 치닫지 않도록 평화적 관리에 힘쓰면서 평화체제를 지향하지 않으면 안 되는 상황이라는 것이다."

왜 평화체제인가 하는 근본적인 물음 앞에서 무엇보다도 전쟁 위기 구조가 일상화되어 있다는 점을 지적하지 않을 수 없다. 통일부 산하 통일교육원이 발간한 『북한이해 2013』에는 다음과 같은 서술이 눈에 띈다.

> "북한과 우리는 아직도 적대관계를 청산하지 못했으며, 북한은 우리의 안보를 위협할 수 있는 충분한 군사적 능력을 가지고 있다. …북한은 군사도발을 통해 우리의 안보를 심각하게 위협하고 있다."

여기서 지적한 것처럼 북한과 우리는 아직도 적대관계를 청산하지 못했으며, 이 같은 상황은 여전히 실재하고 있다. 10·4선언 제3항에도 "남과 북은 군사적 적대관계를 종식시키고", "남과 북은 서로 적대시하지 않고"라는 문구가 들어가 있다. 적대관계의 청산이 남북 간의 주요 과제인 것이다.

또한 "북한은 우리의 안보를 위협할 수 있는 충분한 군사적 능력을 가지고 있다"는 설명도 틀린 지적이 아니다. 다만 여기서 생각할 대목은 북한이 한국의 안보를 위협할 수 있는 충분한 군사적 능력을 갖고 있을 뿐 아니라 한국과 미국도 마찬가지로 북한의 안보를 위협할 수 있는 충분한 군사적 능력을 갖고 있다는 점이다. 남북이 지닌 군사능력과 상대에 대한 위협 수준을 구체적으로 파악해보면 왜 평화체제인가에 대한 해답이 저절로 나온다.

1. 일상화된 '전쟁위기'에서 벗어나야 한다

1) 위험 수위를 넘어선 남북의 군사력

국방부가 발간한 『2014 국방백서』(이하 국방백서)에 따르면, 북한 지상군은 총참모부 예하에 정규 군단 10개, 기계화군단 2개, 평양방어사령부, 11군단, 기갑사단 1개, 기계화사단 4개 등으로 편성되어 있다. 지상군 전력의 약 70%가 평양-원산선 이남에 배치되어 있으며, 특히 170mm 자주포와 240mm 방사포는 수도권에 대한 기습적인 대량집중사격이 가능하고, 최근 시험 발사 중인 300mm 방사포는 최대사거리를 고려할 때 중부권 지역까지 사정권 안에 든다고 한다.

인민군의 기갑·기계화 부대는 주력 전차인 T-54/55를 '천마호', '선군호' 전차로 교체하는 등 장비 현대화를 지속하고 있다. 11군단과 전방군단의 경보병사단, 전방사단의 경보병연대 등 특수전 병력은 20만여 명에 달한다는 것이 국방부의 평가이다. 이들은 땅

굴 및 비무장지대(DMZ) 침투대기시설을 이용하거나 잠수함, 공기부양정, AN-2기, 헬기 등 다양한 침투수단을 이용해 전후방지역으로 침투해 주요 부대 및 시설 타격, 요인 암살, 후방 교란 및 배합작전 수행 등으로 역할이 확대되었다고 판단된다(국방백서, 25~26쪽).

북한 지상군의 주요 보유 장비 현황

전 차	장갑차	야 포	방사포	지대지 유도무기
4,300여 대	2,500여 대	8,600여 문	5,500여 문	100여 기

〈표 1〉에서 알 수 있듯이 한국이 장갑차를 제외하고는 북한 군사력에 비해 수적으로 열세라는 것이 국방부의 분석이다. 각급 부대의 비교에서도 한국군이 북한군에 비해 열세라고 한다.

북한 해군은 해군사령부 예하에 함대사령부(동해, 서해) 2개, 전대 13개, 해상저격여단 2개 등으로 구성되어 있다. 수상전력은 유도탄정, 어뢰정, 경비정, 화력 지원정 등 대부분 소형 고속함정(430여 척)으로 구성되어 있으며, 지상전력과 연계하여 지상군의 진출 지원과 연안 방어 등의 임무를 수행한다. 최근에는 신형 중대형 함정과 다양한 종류의 고속특수선박(VSV)을 건조하여 수상공격 능력을 향상시키고 있다. 수중전력은 로미오급 잠수함과 잠수정 등 70여 척으로 구성되어 있으며, 해상교통로 교란, 기뢰 부설,

〈표 1〉 남북 군사력 비교(2014년 10월 기준)

<table>
<tr><th colspan="3">구 분</th><th>한 국</th><th>북 한</th></tr>
<tr><td rowspan="4">병력
(평시)</td><td colspan="2">육 군</td><td>49.5만여 명</td><td>102만여 명</td></tr>
<tr><td colspan="2">해 군</td><td>7.0만여 명
(해병대 2.9만여 명 포함)</td><td>6만여 명</td></tr>
<tr><td colspan="2">공 군</td><td>6.5만여 명</td><td>12만여 명</td></tr>
<tr><td colspan="2">계</td><td>63만여 명</td><td>120만여 명</td></tr>
<tr><td rowspan="20">주요
전력</td><td rowspan="8">육군</td><td>군단(급)</td><td>12(특전사 포함)</td><td>15</td></tr>
<tr><td>사단</td><td>44(해병대 포함)</td><td>81</td></tr>
<tr><td>기동여단</td><td>14(해병대 포함)</td><td>74(교도여단 미포함)</td></tr>
<tr><td>전차</td><td>2,400여 대(해병대 포함)</td><td>4,300여 대</td></tr>
<tr><td>장갑차</td><td>2,700여 대(해병대 포함)</td><td>2,500여 대</td></tr>
<tr><td>야포</td><td>5,600여 문(해병대 포함)</td><td>8,600여 문</td></tr>
<tr><td>다연장/
방사포</td><td>200여 문</td><td>5,500여 문</td></tr>
<tr><td>지대지유
도무기</td><td>60여 기(발사대)</td><td>100여 기(발사대)</td></tr>
<tr><td rowspan="6">해군</td><td>전투함정</td><td>110여 척</td><td>430여 척</td></tr>
<tr><td>상륙함정</td><td>10여 척</td><td>260여 척</td></tr>
<tr><td>기뢰전함정</td><td>10여 척</td><td>20여 척</td></tr>
<tr><td>지원함정</td><td>20여 척</td><td>40여 척</td></tr>
<tr><td colspan="2">잠수함정</td><td>10여 척</td><td>70여 척</td></tr>
<tr><td rowspan="4">공군</td><td>전투임무기</td><td>400여 대</td><td>820여 대</td></tr>
<tr><td>감시통제기</td><td>60여 대(해군항공기 포함)</td><td>30여 대</td></tr>
<tr><td>공중기동기</td><td>50여 대</td><td>330여 대</td></tr>
<tr><td>훈련기</td><td>160여 대</td><td>170여 대</td></tr>
<tr><td colspan="2">헬기(육해공군)</td><td>690여 대</td><td>300여 대</td></tr>
<tr><td colspan="3">예비병력</td><td>310여만 명
(사관후보생, 전시근로소집,
전환/대체복무인원등 포함)</td><td>770만여 명
(교도대, 노농적위대,
붉은청년근위대 포함)</td></tr>
</table>

* 남북 군사력 비교를 위해 육군 부대 장비 항목에 해병대 부대 장비도 포함하여 산출.
* 북한군 야포문수는 보병 연대급 화포인 76.2mm를 제외하고 산출.
* 질적 평가 표현이 제한되므로 공개할 수 있는 수준으로 양적 평가를 실시한 결과.
  출처: 『2014 국방백서』, 239쪽(일반부록3)

수상함 공격, 특수전 부대의 침투 지원 등의 임무를 수행한다.

특히 신형 어뢰 개발에 이어 탄도미사일 탑재가 가능한 신형 잠수함 등 새로운 형태의 잠수함정을 지속 건조하는 것으로 보이는 등 수중공격 능력을 향상시키고 있다. 상륙전력은 공기부양정, 고속상륙정 등 260여 척으로 구성되어 있으며 특수전 부대를 후방지역에 침투시켜 주요 군사, 전략시설을 타격하고 상륙해안의 중요지역을 확보하는 작전을 수행할 것이다(국방백서, 26쪽). 국방부는 한국의 해군전력도 북한에 비해 열세라는 입장이다.

북한 공군은 항공 및 반항공사령부 예하에 비행사단 4개, 전술수송여단 2개, 공군저격여단 2개, 방공부대 등으로 구성되어 있다. 북한 공군은 추가적인 항공기의 배치 조정 없이(전투임무기 820여 대 중 약 40% 평양-원산선 이남 기지의 전진 배치) 한국의 지휘통제시설, 방공자산, 산업시설 등을 기습 공격할 수 있는 능력을 보유하고 있다. 또한 AN-2기와 헬기를 이용하여 특수전 부대를 침투시킬 수 있으며, 최근에는 정찰 및 공격용 무인기를 생산, 배치하고 있다.

북한의 방공체계는 항공 및 반항공사령부를 중심으로 항공기, 지대공미사일, 고사포, 레이더 방공부대 등으로 통합 구축되어 있다. 전방 지역과 동서 해안지역에는 SA-2와 SA-5 지대공 미사일을 배치해 놓았고, 평양지역에는 SA-2와 SA-3 지대공 미사일과 고사포를 집중 배치하여 다중의 대공 방어망을 형성하고 있다. 또한 지상관제요격기지, 조기경보기지 등 다수의 레이더 방공부대가 북한 전역에 분산 배치되어 있어 한반도 전역을 탐지할 수 있다(국방백서, 27쪽). 전투기와 공중기동기의 숫자에서 역시 한국이 열세라는 것이 국방부의 입장이다.

그러나 국방부가 육해공군의 전반적인 군사력에서 한국이 북한에 비해 '열세'라고 강조해온 것은 국방비 예산의 감축을 막기 위한 '방어벽'에 불과하다. 좀 오래된 연구이기는 하지만, 한 연구자가 분석한 남북한 군사력의 유형요소와 무형요소를 비교해보면 '한국 우위'(공중무기체계, 지원능력, 군대훈련, 정보획득/통신, C^3I 자동화) 내지 '남북한 동등'(해상무기체계, 군수산업능력, 사기, 지휘통제, 전투경험)의 측면이 적지 않다. '북한 우위'는 병력, 지상무기체계, 핵 미사일 등 전략무기, 군사전략 등으로 나타나 있다. 지난 20여 년 동안 북한의 정보통신/획득, C^3I 자동화, 전략무기 능력이 크게 향상되었음을 감안하더라도 '한국 열세'라는 정치적 판단이 중요한 것이 아니라 남북한의 군사력이 '상호확증파괴'의 수준을 이미 오래 전에 넘어섰다는 사실을 인식하는 것이 중요하다.

한국이 재래식 군사력에서 북한에 비해 열세라는 국방부의 설명을 받아들인다고 해도 이것은 주한미군의 전력을 포함시키지 않은 것이라는 점을 감안해야 한다. 주한미군사령부는 미8군사령부, 주한미해군사령부, 주한미공군사령부, 주한미해병대사령부, 주한미특수전사령부로 편성되어 있다(병력 2만8,500여 명). 주한미군은 전투기 90여 대, 공격헬기 20여 대, 전차 50여 대, 장갑차

<h2 style="text-align:center">〈표 2〉 남북한 군사력 유형요소 비교 평가</h2>

		비교			특기사항
		북한 우위	남한 우위	남북한 공동	
병력	상비 병력	○			- 남한의 17만 명에 달하는 방위병을 포함하면 남북한 상비병력 차는 줄어들 것임.
	예비 병력	○			- 수적 우세 - 훈련 및 보유무기 우세
무기체계	지상무기 체계	○			- 수적 우세(소화기, 박격포 등은 남한이 우세) - 북한의 지상장비는 남한의 것에 비해 노후화 정도가 큰것이 많으며 성능 또한 남한의 것에 뒤지는 것이 많이 있음. - 남한은 지상무기의 수적 열세를 질적인 성능보강으로 어느 정도 상쇄시켜 나가고 있음.
	해상무기 체계			○	- 북한이 수적으로 우세. 그러나 총 톤(ton)수에 있어서는 남한 우세 - 남한은 방어위주의 해상무기체계 보유, 북한은 공격위주의 해상무기 체계 보유 - 성능과 노후화 정도 측면에서 남한이 북한의 우위에 있음.
	공중무기 체계		○		- 북한이 수적으로 우세 - 성능과 노후화 정도 측면에서 남한이 우위. - 훈련량과 질 측면에서 남한 우세 - 정비능력에 있어서 남한 우세
	전략무기 화생 무기	○			- 남한에는 존재하지 않음.
	전략무기 핵무 기	○			- 북한의 핵무기 개방 가능성이 큰 것으로 판단됨 (*)
	전략무기 미사 일	○			- 수적 측면에서 북한 우세 (*) - 공격무기 측면에서 북한 우세 - 방어무기 측면에 있어서 남한 우세
지원능력			○		- 전반적으로 남한 우세
군수산업능력				○	- 박격포, 구축함 등에서 남한 우세 - 방사포, 대전차기, 대공화기, 잠수함, 유도탄 측면에서 북한 우위 - 그 이외 거의 동등 수준임.

[출처] 정영태, 「남북한 군사력 비교」, 『국방논집』 제26호(한국국방연구원, 1994년 여름), 136~137쪽. (*) 부분은 20여년 사이에 근본적인 변화가 있었다.

<표 3> 남북한 군사력 무형요소 비교 평가

		비교			특기사항
		북한 우위	남한 우위	남북한 공동	
병력의 자질	병력의 선발, 교육 및 복무기간	○			- 북한의 사병 복무기간 3~7년 (*)
	군대훈련		○		- 북한: 유류 및 탄약부족으로 남한에 비해 실전훈련량 저조, 비기동 모의 도상훈련 실시, 소부대단위 훈련 중점 - 남한: 북한에 비해 개인훈련 숙련도 열세
	사 기			○	- 북한: 사상교양을 바탕으로 정신전력 강화, 군조직의 경직성과 경제침체로 사기 저하
군대조직의 질	지휘통제			○	- 북한: 당, 군 이원화, 통합전력 발휘 용이 - 남한: 한·미 연합방위체제, 통합전력 발휘 곤란
	정보획득, 통신		○		- 북한: 고전적이며 초보적 (**) - 남한: 신호(통신, 전자) 정보능력 보유, 영상정보 미국 의존
	C³l 자동화		○		- 전자첨단기술의 발달로 남한이 북한에 상대적으로 우세 (**)
	준비성	○			- 북한: 항시 전시체제 유지 - 남한: 전시대비체제 미약
	전투경험			○	- 북한: 제3세계 해방투쟁 전쟁 참가, 새로운 전술, 비정규전, 도시전 및 게릴라전 등의 경험 축적 - 남한: 월남전 및 걸프전 참전으로 경험 축적
군사전략		○			- 북한은 전략전술체계에 있어서 우세

[출처] 정영태, 「남북한 군사력 비교」, 148쪽. (*) 사병 복무기간이 7~10년으로 늘어났다는 정보가 있다. (**) 북한의 전자정보부문에서 20여년 사이에 근본적인 변화가 있었다.

130여 대, 야포/다련장 10/40여 대, 패트리어트 60여 기 등을 보유하고 있다.

주한미군의 전력에서는 보유전력이 중요한 것이 아니라 유사시

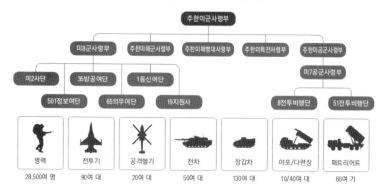

주한미군의 주요 조직과 보유 전력

한국 방위를 지원하기 위해 투입되는 '증원전력'이 중요하다. 미군 증원전력은 육·해·공군과 해병대를 포함해 병력 69만여 명, 함정 160여 척, 항공기 2,000여 대의 규모여서 한국의 군사적 능력은 단번에 열세에서 우세로 전환된다. 이 때문에 북한의 전력체계는 기본적으로 '속전속결'을 지향하고 있다.

미 증원전력은 위기상황 전개에 따라 '신속억제방안(FDO: Flexible Deterrence Option)', '시차별부대전개제원(TPFDD: Time Phased Force Deployment Data)'으로 구분된다. '신속억제방안'에 따른 전력은 한반도에 위기가 고조되면 전쟁을 억제하고 위기를 완화하는 목적으로 증원된다. '시차별부대전개제원'에 따른 전력은 한반도 전쟁억제 실패 시 한·미 연합작전계획 시행을 위해 증원된다(국방백서, 48쪽).

이러한 증원전력은 어느 것이나 '전쟁위기'를 상정한 것임에 틀

림이 없다. 주한미군의 전력이 남북 군사력이 지닌 위험의 수준을 엄청나게 끌어올린다는 점에서 '지역균형자'니 '안전장치'니 하는 것도 그저 말장난에 지나지 않는다. 주한미군의 전력증강과 한·미 합동군사연습의 규모 확대가 한반도의 '위기지수'를 낮추는 것이 아니라 오히려 높이고 있음은 더 이상 비밀이 아니다.

2) 한국보다 앞선 북한의 군사력?

북한의 군사적 능력에서 눈여겨봐야 할 대목은 재래식 전력보다 전략무기이다. 북한은 전략적 공격능력을 확보하고 재래식 전력을 보완하기 위해 핵, 탄도미사일, 화생방무기를 지속적으로 개발하고 있다. 1980년대에 영변 핵시설의 5MWe 원자로 가동 후 폐연료봉 재처리를 통해 핵물질을 확보하였고, 2006년 10월과 2009년 5월, 2013년 2월 세 차례의 핵시험을 감행하였다. 북한이 수차례의 폐연료봉 재처리 과정을 통해 핵무기를 만들 수 있는 플루토늄을 40kg 정도를 보유하고 있는 것으로 추정되며, 고농축 우라늄(HEU) 프로그램을 진행하고 있는 것으로 평가된다. 북한의 핵무기 '소형화' 능력도 상당한 수준에 이른 것으로 보인다.

한편 북한은 1970년대부터 탄도미사일 개발에 착수하여 1980년대 중반 사정거리 300km의 SCUD-B와 500km의 SCUD-C를 생산하여 작전배치하였다. 1990년대에는 사정거리 1,300km인 노동미사일을 시험 발사한 후 작전배치하였으며, 2007년에는 사거리 3,000km 이상의 무수단 미사일을 작전배치하였다.

이에 따라 북한은 한반도를 포함한 일본, 괌 등 주변국에 대한 직접적인 타격 능력을 보유하게 되었다. 또한 1998년 대포동 1호, 2006년 대포동 2호를 시험 발사하였고, 2009년과 2012년 4월과 12월 등 총 다섯 차례의 장거리 미사일 발사를 통해 미국 본토를 위협할 수 있는 능력을 보유한 것으로 추정된다(국방백서, 28~29쪽).

이러한 전략무기의 남북 비교는 의미가 별로 없다고 할 수 있다. 북한이 전략무기, 특히 핵무기와 장거리 탄도미사일 개발에 몰두하게 된 것은 주한미군과 주일미군, 그리고 미 태평양함대사령부 등의 전력에 대한 대응력 확보의 성격이 강하기 때문이다. 북한은 경제난에도 불구하고 전쟁지속능력을 유지하기 위해 군수산업을 우선적으로 육성하고 있으며(군수공장 300여 개), 전시에 군수공장으로 전환되도록 지정된 민수공장은 단시간 내에 전시 동원체제로 전환될 수 있다고 한다. 대부분의 전쟁물자는 갱도화된 비축시설에 저장하고 있으며, 약 1~3개월 분량을 확보하고 있는 것으로 추정되기 때문에 추가 구입과 외부로부터의 지원이 없으면 장기전 수행은 현실적으로 제한될 것이라는 것이 국방부의 설명이다(국방백서, 29~30쪽).

여기서 우리는 북한의 군사적 능력이 과연 한국의 군사적 능력을 훨씬 능가하여 '승리를 전제로 한 전쟁'을 수행할 수 있는가 하는 의문에 직면하게 된다. 고 리영희 교수가 1988년에 발표한 「남북한 전쟁능력 비교연구-한반도 평화토대의 구축을 위한 모색」은 이와 관련하여 의미심장한 문제제기를 한 바 있다. 리 교수는 "북한이 남침전쟁을 구상하거나 준비하거나 계획한다면 이 여섯 가지의 치밀한 검토에서 모두 남한에 우월하다는 확증이 있어야 할 것"이라고 주장했다. 여섯 가지를 옮기면 다음과 같다.

① 개전의 시점에서 현재적으로 보유하는 군사력이 남한의 그 것에 비해서 우세해야 한다.

② 단기적 속전방식으로 승리를 기대하려면, 공격군은 병력, 화력, 기동력……등 종합전략이 수비군(이 경우에는 남한)의 그 것에 비해서 최저 2배 내지는 3배가 되어야 한다.

③ 상당한 시간에 걸칠 것으로 예상되는 지구전 또는 장기전을 계획할 경우에는 전쟁과정에서 군사력으로 전환 투입될 국가의 총자원(민간부문 자원, 능력)이 남한의 그것보다 월등 우월해야 한다.

④ 전쟁 당사자 쌍방과 관련된 현시점에서의, 그리고 가능한 예상할 수 있는 전쟁기간 중의 국제적 조건과 환경이 유리하다는 확신이 있어야 한다.

⑤ 승리를 확신한다 하더라도 그 전쟁행위의 결과로 예상되는, 또는 사전 계산된 전쟁 피해를 상쇄하고도 남을 만큼 전쟁으로 달성하고자 하는 목적의 가치가 우월해야 한다. 즉, 북한이 전쟁을 기도한다면, 그 결과로서 북한이 예상 기대하는 통일의 형태가 북한뿐만 아니라 남한까지를 합친 한반도의 전쟁파괴의 피해와 그 장기적 복구건설에 소요될 희생량보다 월등한 가치를 지닌다는 확신이 있어야 한다.

⑥ 위의 다섯 가지 조건을 무릅쓸 각오와 그 계산 위에서도 전쟁을 하려는 '의지'가 있어야 한다. 그러나 '전쟁의지'는 ①~⑤에서 우월할 때만 보강되고, 그 반대일 때는 약화된다. (월간 『사회와 사상』, 1988년 9월 창간호, 142쪽)

『2014 국방백서』의 내용을 기준으로 삼을 때 리영희 교수가 지적한 여섯 가지 중에 ②와 ③의 측면에서 북한의 군사적 능력이 과연 전쟁을 수행할 수 있을 지는 의문이다. 더욱이 ①의 측면에서 북한의 군사력이 한국의 그것에 비해 우세하다는 판단을 내리기도 어렵다.

한국국방연구원(KIDA)이 국가정보원으로부터 제공받은 자료에 기초해 1년간 연구용역을 수행하고 2009년 8월 무렵 청와대에 보고한 「남북한 군사력 비교 프로젝트」에 따르면, 기존의 관련 분석이 북한의 전쟁준비태세나 군사전력이 남측보다 우세하다고 평가했던 것과 달리, 주한미군이나 전시증원 병력을 배제하더라도 한국군이 북한군보다 10% 가량 우세하다고 한다.

이 프로젝트는 투입과 산출 등 군사력 평가와 관련한 주요 기법을 동원한 전쟁수행능력 종합분석이었고, 경제상황에서 훈련 상태에 이르기까지 관련 변수를 포괄적으로 분석해 과연 전쟁을 수행할 능력을 얼마나 보유하고 있는지 따져본 작업이었다. 양측의 주요 무기체계와 성능, 병력 숫자를 고려해 전면전 상황을 가상한 워 게임 시뮬레이션의 결과를 도출하는 분석방법을 동원한 것이었다. 다만 북한의 핵과 화학무기 등 대량살상무기를 제외하고 재래식 전력만 비교한 결과였고, 주한미군 전력이나 유사시 한반도에 증파될 미군 병력은 반영하지 않은 것이었다.

2000년대 들어 전문가들이나 학계, 심지어는 주한미군 측에서도 남측 전력이 북측을 압도한다는 평가가 지배적이었지만, 군 당국은 북측의 전력이 우세하다는 '지론'을 유지해왔기 때문에 이 연구결과를 둘러싸고 군 관계자들 사이에 불만이 제기되었다고 한다.

똑같은 워 게임 시뮬레이션을 사용했던 2004년 8월 남북 군사력 평가의 연구(합동참모본부)는 한국의 군사력이 북한에 비해 육군 80%, 해군 90%로 열세이고, 공군만이 103%로 약간 우세하다는 결론을 내렸기 때문이다. 육·해·공군의 전력비를 2:1:1로 계산하는 통상의 가중 평균치를 적용해보면 한국군의 군사력은 북한군의 88%에 불과하다는 결론이었는데 2009년의 연구가 이를 뒤집어버렸던 것이다(황일도, 〈국정원이 청와대에 보고한 남북한 군사력 비교〉『신동아』, 2010년 4월호).

국가정보원과 국방연구원이 「남북한 군사력 비교 프로젝트」의 연구결과를 공개하지 않은 상황에서 한 월간지가 공개한 것이어서 100% 정확하다고 보기는 어려울지 몰라도 월간지 보도 이후 국가정보원이나 국방부에서 해명자료를 발표한 적이 없는 것으로 보아 신빙성이 있는 것으로 추정된다. 이렇게 볼 때 『2014 국방백서』에 수록된 남북한 군사력에 관한 수치들을 신뢰해야 할지 의문이다. 일부 군사전문가들은 국방부의 발표수치는 질적 측면을 감안하지 않은 데 반해 국방연구원의 워 게임 시뮬레이션에 동원된 수치는 질적 측면을 반영한 것이라는 점에 주목한다.

분명한 점은 남북한 모두 상대측에게 심각한 타격을 줄 만큼의 군사적 능력을 확보하고 있고, 따라서 '공포의 균형'이 전쟁위기로 치닫지 않도록 평화적 관리에 힘쓰면서 평화체제를 지향하지 않으면 안 되는 상황이라는 것이다.

3) 한국의 대북억지전략 : 전면전 대비태세와 한·미국 지도발 대비계획

국방부가 발간한 『국방백서 2014』가 「전면전 대비태세 유지」(51~52쪽)를 구체적으로 다루고 있다는 사실을 아는 국민은 얼마나 될까? 그 부분을 그대로 옮겨본다.

> "유사시 우리 군은 지상, 공중, 해양, 사이버 공간 등 전 영역에서 합동전력과 연합전력을 공세적으로 운용할 것이다. 효과 중심의 동시·통합작전을 수행하여 조기에 전쟁의 주도권을 장악함으로써 북한의 전쟁수행능력과 의지를 마비시키고 단기간에 결정적인 승리를 달성할 것이다.
>
> 이를 위해 연합작전(2개국 이상의 군대가 장기적인 공동의 목적을 달성하기 위해 공식 협약이나 조약에 의해 상호 협력하여 실시

하는 작전)과 합동작전(육해공군 중 2개 이상의 군, 합동부대 또는 필요시 편성되는 합동기동부대가 공동의 목적을 달성하기 위해 수행하는 군사활동) 수행능력을 극대화하는 교리를 발전시키고 있으며 실전적인 연합·합동연습과 훈련을 실시하고 있다. 긴밀한 한·미 공조체제를 유지함으로써 북한의 전면전에 대비하는 연합방위체계도 구축하고 있다. 우리 군은 앞으로도 굳건한 한미동맹을 바탕으로 북한의 전면적 도발에 단호히 대응할 수 있는 연합방위태세를 유지 및 발전시켜나갈 것이다."

『국방백서』는 "유사시", "북한의 전면전에 대비하는", "북한의 전면적 도발" 등의 전제를 붙여 북한의 공격에 대한 '대비태세'를 강조한다. 그러나 다른 측면에서 보면 전쟁위기가 상존하고 있음을 국방부가 인정하고 있는 것이다. 이를테면 "합동전력과 연합전력을 공세적으로 운용", "조기에 전쟁의 주도권을 장악", "(미군과의) 연합작전과 합동작전 수행능력을 극대화", "(미군과의) 실전적인 연합·합동 연습과 훈련을 실시" 등을 보면 '전쟁준비'를 지속적으로 하고 있음을 확인시켜준다. 특히 '실전(實戰)'을 염두에 둔 한·미 합동군사연습이 실시되고 있다는 것을 명백히 하고 있는데 키리졸브, 독수리, 을지프리덤가디언, 쌍용 등의 이름을 단 합동군사연습들이 그것들이다.

미국은 한반도 상황을 어떻게 인식하고 있을까? 이는 미 국무부가 한 성명(2014년 9월 23일)에서 "대인지뢰를 한반도에서만 사용하겠다"고 선언하면서 "한반도 이외 지역에서 대인지뢰를 사

연합·합동 연습 및 훈련 현황

연습명	형태	목적	내용

을지프리덤
가디언
(UFG)
	군사지휘소 및
	정부연습
		•현 연합방위체제하 전구작전 지휘 및
		  전쟁수행 절차 연습
		•전시작전통제권전환에 대비 한국 합참·
		  주한미국사령부의 전구작전 지휘 및
		  수행능력 배양
		•군사연습과 연계하여 충무계획 및 전쟁
		  수행예규 수행절차 숙달
			•위기관리 절차 연습
			•전시전환 절차 연습
			•작전계획 시행절차 연습
			•주요지휘관세미나
			•군사협조기구 운영 연습 등

카리졸브/
독수리 훈련
(KR/FE)
	지휘소 연습 및
	야외기동훈련
		•현재의 연합방위태세 점검 및 전쟁수행
		  절차 숙달
		•한·미연합작전 및 후방 지역 방호작전
		  능력 배양
			•위기관기 절차 연습
			•전시전환절차 연습
			•작전계획 시행절차 연습
			•연합작전지역 내 수용, 대기,
			  전방 이동 및 통합절차 숙달
			•한·미 연합실기동훈련 등

용·저장·구매하는 일을 돕거나 장려하지 않겠다"고 밝힌 데서 잘 드러난다. 미 국무부는 "한반도는 특별한 상황"이라며 "대한민국의 방어에 필요하지 않은 지뢰들은 적극적으로 파기하겠다"고 덧붙이기는 하였다. 미국의 이러한 태도는 한반도에서의 전쟁위기의 일상화에 대비하고 있음을 보여준다.

매년 정기적으로 개최되는 한·미 안보협의회의(SCM)는 한미 군사동맹의 현실을 가장 잘 보여준다. 2014년 10월 23일 워싱턴에서 열린 제46차 SCM은 공동성명에서 여러 가지 합의사항들을 언급하고 있다. 공동성명을 들여다보면 전쟁위기를 상정하고 있음을 알 수 있다.

구체적으로 보면 「한·미 공동 국지도발 대비계획」과 관련하여 "양국군이 한반도에서의 다양한 상황에 대비한 군사적 계획을 발전시키는데 있어 상당한 진전을 이루었으며, 이러한 군사적 계획이 잠재적인 위기상황 하에서 한미동맹의 효과적 대응을 보장할 것"이라면서 "서북도서 및 북방한계선(NLL) 일대에서의 북한의 어떠한 도발에도 대비하기 위해 연합연습 및 훈련을 지속 증진시켜 나가고 연합 대비능력을 지속 강화해 나갈 필요가 있음을 재확인"하고 있다(제5항).

그리고 '전시작전통제권(전작권)의 전환'과 관련하여 "적정한 시기에 안정적으로 전작권을 전환하기 위한 양국의 공약을 재확인하면서 조건에 기초한 접근방식이 대한민국과 동맹이 핵심 군사능력을 구비하고 한반도 및 역내 안보환경이 안정적인 전작권 전환에 부합할 때 전작권이 대한민국으로 전환되는 것을 보장한다"고 합의하였다(제11항).

그런데 '조건에 기초한 전작권 전환'과 관련하여 "양국 국가통수권자들은 SCM 건의를 기초로 전작권 전환에 적정한 시기를 결정할 것"이라고 밝혀(제11항) 전작권 전환의 '무기한 연기'를 기정사실화하였다. 노무현 정부 시기의 전작권 전환 노력이 무위(無爲)로 돌아간 셈이다.

일반적으로 작전통제권은 작전지휘권이나 군령권에서 핵심적 위치를 차지한다. 작전통제권이 없어 군령권을 행사하지 못하는 국가지도자는 자기 나라 군대를 통수할 수 없고 '국가안보와 국토방위의 신성한 의무'를 수행할 수 없다. 한국 대통령이 한국군에 대한 작전통제권을 행사하지 못하면 군통수권자로서의 헌법상 지위가 명목에 그치는 것이다. 국가가 작전통제권을 행사하지 못하면 군사주권과 국가주권이 온전치 못함을 뜻한다. 작전통제권은 군통수권→ 군령권→ 작전지휘권과 그 다음으로 이어지는 군사주권 행사의 실질적 권한이며 국가주권의 상징이라 할 수 있다.

한국군의 작전통제권은 당초 1954년 11월 한·미 양국의 「경제 및 군사문제에 관한 한·미 합의의사록(Agreed Minute Relating to Continued Cooperation in Economic and Military Matters, 이하 합의의사록)」에 의해 유엔군사령부로 넘어갔다. 유엔에서 유엔사령부 해체가 거론된 1975년에는 유엔사가 지속적인 한국방위를 담당하기에 명분이 약하다고 판단됨에 따라 다른 체제를 모색할 필요성이 제기되었다.

이에 한·미 양국은 1977년 7월 제10차 SCM에서 한·미연합군사령부(Combined Forces Command, 이하 CFC) 설치에 합의하였고, 유엔사령부는 정전협정 관리업무만 전담하고 한국군에 대한 작전통제권은 CFC 사령관에게로 전환되었다. 이 과정에서 문제가 되는 것은 한국전쟁 개전 직후 유엔군사령관에게 이양됐던 작전통제권을 한국군에 반환하는 절차나, 이를 CFC 사령관에게 재위임하는 절차가 없었다는 사실이다. 또한 「합의의사록」과 같은 조약의 개정 없이 양국 합참의장이 서명한 '전략지시 1호'를 통해 작전통제권 관련사항이 변경되었다는 사실이다.

CFC 사령관이 '한·미군사위원회(Military Committee Meeting, 이하 MCM)가 제공하는 한국군 부대'에 대한 작전통제권을 행사한 지 10년 이상이 지난 1980년대 후반에 들어서야 작전통제권 환수가 쟁점으로 떠올랐다. 미국에서 1989년에 주한미군의 단계적 철수 검토를 요구하는 「넌-워너 법안」이 통과되면서 한·미는 작전 통제권 논의를 시작하게 된다.

한·미는 1991년 제13차 MCM에서 '정전시 작전통제권'(통칭 평시작전통제권)을 1993~1995년에 CFC에서 한국군으로 전환하고, 전시작전통제권(이하 전작권) 전환은 1996년 이후에 협의하기로 합의하였다. 이에 따라 1994년 12월 1일부로 평시작전통제권의 전환이 이뤄졌다. 그리고 전작권 전환 추진은 이로부터 10년 이상 이 지난 2005년 10월 21일 제37차 SCM에서 "지휘관계와 전작권에 관한 협의를 가속화"하기로 합의함으로써 본격화되었고, 2006년 9월 16일 정상회담에서 전작권 전환에 관한 기본원칙에 합의하였다. 한·미 국방장관은 2007년 2월 23일에 전작권 전환 시기를 2012년 4월 17일로 합의하였고, 이에 따라 전작권 전환 업무가 진행되기 시작하였다.

한국군 합참의장과 주한미군 선임장교(주한미군사령관)가 2007년 6월 28일 상설군사위원회(PMC)에서 「전략적 전환계획(STP)」에 서명한 뒤 그해 11월 7일 제39차 SCM에서 양국 국방장관이 이를 승인함으로써 전작권 전환을 위한 추진 기반이 마련되었다. 그러나 보수정권의 출범과 안보상황의 변화에 따라 전작권 전환 시기를 연기해야 한다는 주장이 커지기 시작하자 이명박 정권은 그 전환 시기를 조정할 것을 미국에 요청하게 된다.

한·미 간에 여러 차례 협의를 거쳐 2010년 6월 26일 정상회담에서 '2012년 4월 17일'을 목표로 추진하던 전작권 전환 시기를 '2015년 12월 1일'로 조정하기로 합의하였다. 한·미는 전작권 전환 시기 조정 합의에 따라 2010년 7월 21일 한·미 외교·국방(2+2) 장관회담에서 「전략동맹 2015」를 채택하기로 합의하였다.

한·미 국방장관은 2010년 10월 제42차 SCM에서 동맹 공동비전의 포괄적 지침을 제공하는 「전략동맹 2015」에 서명하였다. 그런데 제41차 SCM(2009년)에서부터 "전작권 전환이 조직적으로 이행되어 연합방위태세가 강력하고 빈틈없이 유지되도록 보장"하기 위해 「전작권 전환 검증계획(OPCON Certification Plan)」이 필요하다는 새로운 논리가 등장한 이래 검증계획은 제45차 SCM(2013년)까지 계속 중시되었다. 전작권 전환이 그 '검증'과정에서 얼마든지 조정될 수 있는 길을 열어둔 것이다.

또한 제42차 SCM(2010년)에서부터 "전작권 전환은 동맹의 연합방위태세·능력을 유지·제고시켜야 하며, 한미동맹의 주요 국방 우선과제와 동 과제들의 미래 발전에 이바지해야 한다"는 단서가 등장해 제45차(2013년)까지도 이어졌다. 이명박 정권은 전작권 전환 과정을 마치 한미동맹의 연합방위태세와 능력을 제고하는 과정인 것처럼 미국과 합의함으로써 노무현 정부가 공 들인 '군사주권 회복'의 초보적인 노력마저 물거품으로 만들고 말았다.

한편, 국방부는 전작권 전환 업무를 위해 2012년 1월 1일에 전작권 전환추진단 조직을 합참의장 직속으로 변경하였고, 2012년 3월 21일에 상부지휘구조 개편추진단과 전작권 전환추진단을 통합해 '신연합방위체제추진단'을 창설하였다. 연합방위력을 높이기 위해, 다시 말해 한미동맹을 강화하기 위해 '지휘구조'를 어떻게 바꿀 것인지를 연구한다는 것은 '군사주권 회복'의 길에서 역주행하는 것이었다.

한·미는 「전략동맹 2015」에 근거해 편성, 능력 및 체계, 연습 및 검증 등을 진행해왔으며 연합이행감독체제를 운영하고 있다. 연합이행감독체제는 군사전환분과, 계획및정책분과, 동맹관리분과 등으로 구성되어 있다. 각 분과별로 실무회의, 대령급 회의를 거쳐 분과위원회, 조정위원회, 공동실무단, MCM, SCM 등 협의기구들을 통해 과제 이행실태를 주기적으로 평가해왔다. 한·미는 2012년 10월 제44차 SCM에서 전작권 전환 이후 한국 합참이 작전을 주도하면서도 CFC 체제의 연합작전지휘 효율성을 계속 유지할 수 있는 지휘구조가 필요하다고 합의하였다. 한·미는 공동실무단을 구성하여 '미래지휘구조' 방안을 연구하고, 2013~2015년 을지프리덤가디언(UFG) 연습을 통해 검증하기로 하였고, 이를 실행에 옮기고 있다.

한편, 한국군 합참은 연합연습기반체계 구축의 일환으로 합참에 합동전쟁수행 모의본부(JWSC)와 대항군 모의시설을 신축할 것이라고 한다. 검증은 한국 합참과 USFK의 편성, 인원, 훈련, 자원, 계획 및 절차, 그리고 능력을 종합 평가하는 것으로서, 2013년의 UFG 연습에서 실시되기 시작해 2015년까지 단계적으로 확대하고 있다. 한·미 연합검증단이 편성되어 단계별 이행실태를 평가하고 있으며 2015년의 제47차 SCM에 검증결과를 보고할 예정이다. 양국이「국지도발 대비계획」과 전작권 전환 이후 전시에 적용할 새 작전계획을 모색하고 있는 것이다.

새 작전계획은 2013년부터 합동군사연습에 적용하면서 미비점을 보완해 2015년 12월 이전에 완성시킬 것이라고 한다. 이것은 CFC가 시행하고 있는「작계5026」(정밀공습), 「작계5027」(전면전), 「작계5028」(국지전), 「작계5029」(급변사태), 「작계5030」(심리전) 등을 전작권 전환 이후를 대비해 조정하고 있다는 것을 말해준다. 이러한 일련의 과정은 전쟁위기의 구조화가 심화되고 있음을 의미한다.

전작권 전환과 관련하여 실질적으로는 2013년 7월 30~31일 서울에서 열린 제4차 한미통합국방협의체(KIDD) 회의에서 전작권 전환 재연기 문제 등을 논의하였다(박근혜 정부는 그해 5월 말에 이미 미국에 전작권 전환의 재연기를 요청했다). 6개월 간격으로 열리는 KIDD 회의는 안보정책구상회의(SPI),「전략동맹2015」공동실무단회의(SAWG), 확장억제정책위원회(EDPC), 미사일대응능력위원회(CMCC) 등으로 구성되어 있다.

이어서 한·미 국방장관은 8월 28일 브루나이에서 만나 전작권 전환 재연기 문제에 대한 결론을 내리지 않고 향후 국방 당국 간에 실무협의를 계속 진행기로 하였다. 그리고 제45차 SCM에서 한·미는 "심각해진 북핵·미사일 위협 등 유동적인 한반도 안보상황에 특히 주목"하고 "안보상황을 주기적으로 평가, 점검"하기로

<〈표 4〉 작전계획의 주요 내용>

구 분	주요 내용	참고사항
작계 5026 (정밀공습)	- 북한 핵시설, 지휘부, 방공망 및 미사 일부대 등의 외과수술식 정밀폭격	- 94년 영변핵시설 폭격계획 - 현재 700여 개의 표적 입력
작계 5027 (전면전)	(1단계)신속억제전력의 한반도전개 (2단계)북의 전략목표 파괴 (3단계)대규모 병력의 북측 해안 상륙 (4단계)북한 무력점령 (5단계)남측 정권 주도의 흡수통합 실현	- 미군 69만 명, 항모강습단 6개를 동 원하는 방대한 북침전쟁계획(전체 미 군 전력의 50%) - 미국이 키리졸브 훈련에 투입한 핵 잠수함(사이엔), B-52 폭격기, B-2 스텔스폭격기, F-22 스텔스전투기, 항모전투단은 증원전 력의 일부
작계 5028 (국지전)	- 공격원점은 물론 지원세력과 지휘세 력까지 타격하기 위한 미군 자동개입 명시 - 김일성, 김정일동상 폭격계획 포함 (《조선일보》 보도)	- 국지도발공동대응계획으로 개념계 획을 작전계획으로 전환
작계 5029 (급변사태)	- 북한의 대량살상무기 외부유출, 최고 권력자 유고, 쿠데타 등 북한의 내부 소요, 대량 탈북 및 난민, 대규모 자연 재해, 개성공단 등 인질사태 발생 시 한·미 연합군 즉각 투입	- 노무현정부/ 북·중의 반발, 주권침 해 등을 이유로 반대- 개념계획 유지 - 2008년 작전계획 전환 - 2011년부터 키리졸브 및 독수리연 습 반영
작계 5030 (심리전)	- 북한정권 붕괴 유도 작전계획 - 북한영공의 정찰비행과 기동훈련으 로 군사자원 고갈, 북한군부 교란, 군 부쿠데타, 내부소요 등 유도	- 자유아시아방송/ 휴전선 대북심리전 방송 재개, 대북삐라 살포, 반북단체 지원육성, 종북공세와 진보세력 탄압

했다고 하면서 제41차 SCM(2009년) 이래 계속 강조해온 「전작권 전환 검증계획」과 함께 "조건에 기초한 전작권 전환" 운운하며 전환의 시기에 대해 명시하지 않았다. 도대체 어떤 '조건'이 충족 되어야 전작권 전환을 이행하겠다는 것인지는 아예 언급조차하

지 않고 있다.

박근혜 정권의 전작권 전환 재연기 추진은 누가 보더라도 친미 반북 보수세력의 입맛에 맞추면서 안보 포퓰리즘에 영합하려는 것이었다. 남재준 전 국가정보원장은 임명 전부터 전작권 환수에 반대의사를 표명해왔고, 노무현 정부 당시 이 문제를 주관했던 김장수 전 국가안보실장과 김관진 현 국가안보실장도 동일한 견해를 표명해왔다. 주철기 청와대 외교안보수석은 2013년 7월 25일 한국국방연구원 포럼에서 전작권 전환 문제에 대해서 군 원로들의 압력이 있었다고 공개했다가 이를 정정하는 해프닝까지 벌어졌다.

박 대통령이 자신의 대선 공약을 깨면서까지 보수세력의 편에 서서 전작권 전환 재연기에 나선 것은 정권 차원의 안보 포퓰리즘의 전형이었다. 더욱이 한국 정부가 2015년 말로 예정되어 있던 전작권 전환 시기를 5~8년 뒤로 미뤄 달라고 요청하자 미국은 이 기회를 틈타 주한 미2사단 예하 210화력여단의 한강 이북 잔류와 한미연합사령부의 서울 잔류를 주장하였고, 한·미 군사협상의 관행으로 보아 미국의 의지가 관철될 것임은 이미 예고된 것이나 다름없었다.

한·미는 제46차 SCM 공동성명에서 "심화된 북한의 장사정포 위협에 보다 더 효과적으로 대응하기 위해 주한미군의 대화력전 수행전력을 한국군의 대화력전 능력증강계획이 완성되고 검증될 때까지 한강 이북 현 위치에 유지하기로 결정"하였고 "주한미군의 대화력전 수행전력은 한국군의 동 전력증강계획이 완성 및 검증되면 평택 캠프 험프리 기지로 이전할 것"이라고 밝혔다.

이에 따라 한민구 국방장관은 "2020년경까지 개전 초 임무를 수행할 수 있는 한국군의 대화력전 전력증강을 완료하기로 약속"했다고 한다(제4항). 한·미는 "양국군이 전시 한·미 연합사단을, 이를 위해 평시에는 연합참모단을 편성하기로 결정"한 사실을 강조하고, "연합사단이 전술적 수준에서 연합전투태세를 강화하는 데 기여할 것"이라고 밝혔다(제4항). 또한 한·미는 "전작권 전환이 이루어질 때까지 필수 최소 규모의 인원과 시설을 포함한 연합사령부 본부를 현재의 용산기지 위치에 유지하기로 결정"하였다(제11항).

이처럼 전작권 전환의 연기와 그에 따른 부수적인 일련의 결정, 즉 ▲주한미군의 대화력전 수행전력(미2사단 예하 210화력여단)의 한강 이북 현 위치 유지 ▲한국군의 대화력전 전력증강 2020년경 완료 ▲그 뒤 주한미군의 대화력전 수행전력의 평택 기지 이전 ▲연합전투태세 강화를 위한 한·미연합사단(전시) 및 연합참모단(평시) 편성 등의 결정이 내려졌다.

이러한 일련의 군사태세는 2020년경 이전에 발생할 지도 모르는 전쟁시나리오에 대비하려는 것이다. 한·미가 '북한의 위협과 도발을 전제로' 이러한 군사태세를 갖추는 것에서 명분을 찾고 있지만, 그 명분이 어떻든 간에 '북한과의 전쟁수행을 준비하고 있음'은 숨길 수 없는 사실이다. 이명박 정권에서 시작된 전작권 전환의 역주행은 박근혜 정권에 이르러 전작권 전환 재연기, 그리고 '조건에 기초한 전작권 전환' 및 '적정한 시기' 등 사실상 '무기한 연기'에 이르렀다.

이것은 외세 의존적이고 사대주의적인 보수세력이 북한과의 평화협상에는 전혀 관심이 없고 한미동맹 강화와 대미 군사적 종속에 기초한 '흡수통일'의 헛된 꿈을 꾸고 있음을 뜻한다.

4) 미국의 대북전략 : 맞춤형 억제전략

미국은 냉전시대에 대륙간 탄도미사일(ICBM), 잠수함발사 탄도미사일(SLBM), 장거리 전략폭격기로 구성된 핵태세 3대축(Nuclear Traid)을 기반으로 소비에트 블록에 대한 억제력을 구축했었다. 부시 정부는 2001년에 공격타격체계(핵·비핵능력)-방어체계(능동·수동)-기반체계로 정립된 '핵전략+비핵능력'으로 핵 억제력을 강화하였고, 2006년에는 「국방검토보고서」(QDR, 4년 주기)를 통해 확장억제전략을 발전시킨 '맞춤형 억제전략(tailored deterrence strategy)'을 공식화하였다.

이 전략은 다양한 핵위협에 대응하기 위해 핵능력뿐 아니라 재래식 능력을 핵전략에 포함해 억제력을 높이려는 것이다. 오늘날 미국의 확장억제전략은 이러한 미국의 핵전략 개발 및 발전의 연장선에서 발전되어 온 것이다. 아·태지역에서의 미국의 확장억제

전략은 선진군사강국, 지역 WMD국가들, 테러네트워크 같은 비국가 행위자들까지 각 대상에 최적화된 '맞춤형 억제전략'을 구사하겠다는 것이다.

'북한 핵·WMD 위협에 대비한 맞춤형 억제전략'과 관련하여 제45차 SCM 공동성명은 "전·평시 북한의 주요 위협 시나리오에 대한 억제의 맞춤화를 위해 동맹의 전략적 틀을 확립하고 억제 효과를 극대화하기 위한 동맹능력의 통합을 강화할 것"을 선언하였고(제6항), 제46차 SCM 공동성명은 "북한의 주요 위협에 대한 억제의 맞춤화를 달성하고 억제 효과를 극대화하기 위해 억제 관련 사안에 대해 긴밀한 협의를 유지해 나가기로 합의"하였다(제6항). '억제의 맞춤화'와 '억제 효과의 극대화'를 위한 '동맹능력의 통합 강화', '긴밀한 협의 유지'에 초점이 맞추어져 있음을 알 수 있다.

나아가 한·미 간의 이른바 '상호운용성'에 기초한 대응능력의 구축과 '한국형 미사일 방어체계(KAMD)'의 발전을 위하여 제45차 SCM 공동성명은 "동맹 지휘·통제체계의 상호운용성을 증진"시켜 나가는 한편, "북한의 핵·WMD 및 탄도미사일 위협에 대한 포괄적인 동맹능력을 발전시키기 위해 지속적으로 긴밀히 협의"해 나가기로 하였다(제7항). 제46차 SCM 공동성명은 "동맹의 체계와 상호 운용 가능한 Kill-Chain과 KAMD를 2020년대 중반까지 발전시켜나갈 것"과 "북한의 핵·WMD 및 탄도미사일 위협에 대한 포괄적인 동맹능력을 발전시키기 위해 지속적으로 긴밀히 협의"할 것을 천명하였다(제7항).

한미동맹 체제에서는 동맹 탄생 시기부터 확장억제가 작동해왔다. 동맹의 성립 자체가 북한의 위협을 막는다는 목적을 갖고 출범했기 때문에 한미동맹 관계는 확장억제의 대표사례로 꼽힌다. 이처럼 당연시되던 확장억제가 공개적으로 언명된 것은 2006년 10월의 제38차 SCM 공동성명에서 핵우산 보장과 관련하여 '확장억제(extended deterrence)'라는 표현이 들어가면서부터였다(핵우산 보장은 1978년 제11차 SCM부터). 확장억제가 다시 관심을 끈 것은 2009년 10월 제41차 SCM에서 확장억제의 구체적 형태로 핵·재래식·미사일방어(MD)가 제시되면서부터였다. 특히 미국의 핵우산, 재래식 타격능력 및 MD 능력을 포함한 모든 범주의 군사능력을 운용해 확장억제를 제공하겠다고 미국이 공약했던 것이다.

한·미는 2010년 10월 제42차 SCM에서 확장억제의 실효성 제고를 위한 협의 메커니즘인 확장억제정책위원회(Extended Deterrence Policy Committee, 이하 EDPC)의 제도화에 합의하였고, 2011년 10월 제43차 SCM 및 2012년 6월 외교·국방(2+2) 장관회의에서 북핵·WMD 위협에 효과적으로 대응하기 위한 '맞춤형 억제전략' 수립에 합의하였다.

특히 제42차 SCM에서 한·미 국방장관은 ①향후 5년간 한국 합참으로의 전작권 전환을 위한 기본 틀을 제공할 「전략동맹 2015」 ②'상호방위조약'에 기반을 둔 동맹의 미래비전을 구현하기 위한 「국방협력지침」 ③작전계획을 발전시키는 데 필요한 전략지침과 권한을 MC에 제공하는 「전략기획지침」 등에 합의하기도 했다. 이

는 '맞춤형 억제전략'을 다루는 EDPC가 북한 핵위협에 대한 선제
공격의 실무를 다루는 위험천만한 기구임을 의미한다.

맞춤형 억제전략 체계도

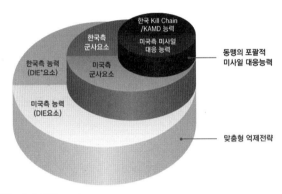

• 외교(Diplomacy), 정보(Information), 경제(Economy)

한국형 미사일 방어체계 개념도

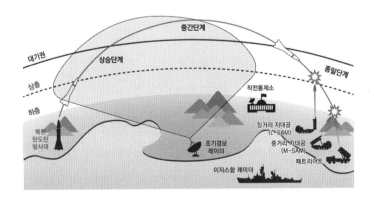

2012년의 제44차 SCM은 EDPC를 통해 공동의 '맞춤형 억제전략'을 발전시켜 나가기로 하고, 이에 대한 공동의 개념과 원칙을 승인하였다. 제45차 SCM에서 한·미 국방장관은 '북한 핵·WMD 위협에 대비한 맞춤형 억제전략'을 공식적으로 승인하였던 것이다. 한·미가 제45차 SCM에서 KAMD를 발전시켜나가기 위해 "동맹 지휘·통제체계의 상호운용성을 증진"하기로 합의한 것은 KAMD를 MD의 하위체계로 종속시킨다는 것을 분명히 한 것이었다. '지휘·통제체계의 상호운용성' 증진은 이미 제44차 SCM부터 강조된 바 있다.

여기서 문제가 되는 것은 북한 핵·WMD 위협에 대응한다는 '맞춤형 억제전략'이 전·평시의 북한 핵위기 상황을 위협단계-사용임박단계-사용단계 등으로 구분하고 핵사용 징후가 뚜렷한 임박단계에서 선제적 군사타격을 한다는 점이다.

이때 사용될 수 있는 군사적 수단으로는 미국이 한국에 제공하기로 한 ▲핵우산 ▲재래식타격 전력 ▲미사일방어(MD) 전력 등이 총망라된다. 핵우산의 3대 축(타격수단)은 ①B-2(스프릿), B-52 등 전략폭격기가 보유한 공대지(空對地) 핵미사일 ②핵잠수함에 탑재된 잠대지(潛對地) 핵미사일(SLBM) ③미 본토에 있는 대륙간탄도미사일(ICBM) 등이다. 한·미 공동의 재래식타격 전력에는 탄도미사일(현무-Ⅱ), 순항미사일(현무-Ⅲ), 다연장로켓(MLRS), 이지스 구축함, 핵추진 항공모함, 글로벌호크 무인정찰기 등이 포함된다. MD 전력으로 미국의 군사위성, 정찰위성도 지원된다. 이미 양국은 2012년에 「국방우주협력 관련 약정」을 체결해 우주에서의 협력체계를 갖춰놓았다. 한마디로 우주와 지상, 해상, 공중, 수중 등 전방위적으로 북한의 핵사용을 억제한다는 전략이다.

한미동맹 체제의 구조로 보아 이른바 '사용임박단계'는 미국이 '자의적으로' 판단할 수 있는 것이고, 특히 한·미 합동군사연습에 미국이 핵타격수단을 동원하는 과정에서 북한이 군사적 움직임을 보일 경우 미국이 이를 '사용임박단계'로 간주하여 선제적 군사타격을 한다면, 그것은 곧 전쟁발발 상황이 된다. 확장억제의 종착점인 '맞춤형 억제전략'이 필연적으로 한반도에서 전쟁위기의 상존이라는 위험을 낳고 있는 것이다. 2013년 3~4월 키리졸브-독수리 합동군사연습에서 미국이 핵타격수단을 전격적으로 동원하고 북한이 이에 심각하게 대응하면서 일촉즉발의 전쟁위기를 고조시켰던 일이 앞으로도 계속 반복될 위험이 있는 것이다.

2013년 8월의 UFG 연습이 특별히 관심을 끈 것은 국방부가 4월 1일 「2013 국정업무보고」에서 "전략환경 변화에 부합하는 미래지향적 방위역량 강화"를 강조하면서 ▲한국형 미사일방어체계(KAMD)의 지속적 발전 ▲한·미 공동의 '맞춤형 억제전략'(Kill-Chain)의 조기 발전 ▲차기 전투기사업, 대형공격헬기 사업 등의 방위력 개선사업 추진 등을 제시한 것과 관련이 있다.

국방부는 북한의 WMD 위협에 대비하기 위해 ▲핵위협단계 ▲사용임박단계 ▲사용단계 등 핵위기 상황별로 적용 가능한 억제방안을 구체화하는 방향으로 한·미 공동의 '맞춤형 억제전략'을 조기에 발전시킬 것이라고 확인하였다. UFG에서는 '맞춤형 억제전략'으로 준비해온 Kill-Chain(탐지-식별-결심-타격체계, 30분 이내)과 KAMD를 시험적으로 가동하였다. 국방부는 「2014~2018 국방중기계획」 예산안(국회보고)에서 Kill-Chain과 KAMD 구축에 2014년부터 5년간 9조6천억 원을 투입하겠다고 밝혀 '돌이킬 수 없는 실행단계'에 진입하고 있음을 분명히 하였다.

더욱이 박근혜 대통령은 2013년 10월 1일 '국군의 날' 기념사에서 "정부는 강력한 한미연합방위체제를 유지하면서 Kill-Chain과 KAMD 등 핵과 WMD 대응능력을 조기에 확보, 북한 정권이 집착하는 핵과 미사일이 더 이상 쓸모없다는 것을 스스로 인식하도록 할 것"이라고 밝혔다. Kill-Chain은 북한의 핵·미사일 등 WMD에 대비하는 과정에서 위협단계-사용임박단계-사용단계의 상황에 따라 선제공격 시나리오도 가능하다는 점에서 심각한 논란을 낳고 있다. KAMD는 주한미군을 매개로 미국의 미사일방어(MD) 체계에 편입되는 과정을 밟고 있다는 논란을 불러왔음은 주지의 사실이다.

한·미 연합방위력은 정보·감시·정찰체계의 연동을 넘어서서 ▲2013년 3~4월 키리졸브-독수리훈련을 비롯한 합동군사연습에 등장한 미국의 3대 핵타격수단(ICBM, SLBM, 장거리 전략폭격기) 동원 ▲국가미사일방어(NMD, 미국을 향해 대륙간 탄도미사일이 발사될 경우 요격 미사일을 발사해 공중에서 요격한다는 방어전략)와 전역미사일방어(TMD, 중거리 탄도미사일로부터 해외주둔

미군과 동맹국을 보호한다는 방어전략) 배합 ▲상층방어 MD와 하층방어 MD(KAMD)의 배합 등을 포함하기에 이르렀다.

고(高)고도미사일방어(THAAD) 체계의 주한미군 배치는 이미 현실화되고 있다. 이렇게 볼 때 한·미 연합방위력은 전체적으로 미국의 아·태지역 군사력의 하위체계에 놓이게 되었음이 분명하다.

사드의 한반도 배치가 문제되는 것은 무엇보다도 사드가 아직 검증되지 않은 무기체계라는 점이다. 미국은 사드의 힛투킬(Hit to Kill) 방식의 첫 번째 요격실험(1995.12.13.) 이래 1999년까지 매년 1~2회씩 실시하였으나 번번이 실패를 거듭해 오다 일곱 번째 실험(1999.6.10)에서야 처음으로 성공하였다. 이것도 실전상황에서 와는 달리 로켓 추진체에서 분리되지 않은 탄두를 명중시킨 것에 불과하여 '절반의 성공'에 그친 것이라고 할 수밖에 없다.

그 후 기술·예산상의 문제로 사드 요격실험은 실시되지 못하다 2005년 재개되어 2012년까지 10여회 남짓 실시된 추가 요격실험 에서는 성공률이 다소 높아졌는데, 대부분은 단거리 미사일(미분 리탄두) 대상이었고 '전구급' 고고도지역방어 미사일에 걸맞는 중 거리(1,000~3,000Km) 미사일이나 외기권에서의 요격실험은 아직 갈 길이 멀다.

미 국방당국은 예산 사정으로 2013년부터는 1년 6개월에 한 차 례씩 사드 요격실험을 발표한 바 있다. 실시하는 외기권 및 중거 리미사일 요격실험을 포함해 2019년까지 총 6회 실시할 계획으로 알려져 있다. 사드는 검증이 안 된 무기체계일 뿐 아니라 사드 시

사드체계

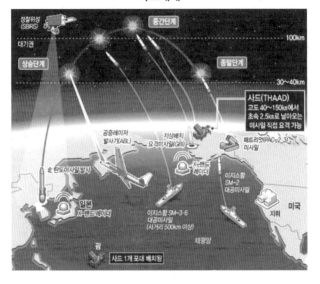

스템을 운용할 훈련된 기술요원도 부족하다. 미국 본토에 있는 3개 사드 포대 중에서 1개 포대는 록히드마틴과 레이시언이 시스템 일체를 2014년에 납품했음에도 불구하고 훈련 미숙으로 가동을 하지 못하고 있다.

사드 자체의 시스템 운용도 문제이지만 패트리엇(PAC)이나 SM3, SM6 등과 연계해 통합 운영하는 것은 그리 간단한 문제가 아니다. 그리고 한국에 배치될 3~4개 사드포대 도입, 운영에 드는 비용만 줄잡아 5~6조 원은 될 것으로 예상되고 있다.

한국은 사드의 한반도 반입이 KAMD 체계 구축과는 별개의 사안이라고 주장하지만, 북한은 미국의 사드 배치는 군사적 패권을 강화하려는 조치라고 비판하고 중국도 사드의 한반도 반입에 반대하고 있다. 사드는 대기권 내외의 고도에서 탄도 미사일을 요격하는 체계라는 점에서 종말단계(Terminal Phase) 방어에 해당하며, 이것은 요격 이후 미사일 파편이 자국의 영토에 떨어질 확률이 크다.

사드는 사거리 3,000km의 지대지 탄도미사일을 최대 요격 고도인 150km 상공에서 파괴하는 것을 목적으로 하기 때문에 북한의 중거리 지대지 탄도미사일이 요격 대상이라는 것이 일반적인 관측이다. 그러나 사드가 미국 본토 방어를 위한 것이라는 문제제기도 있음에 유의해야 한다. 즉 한국에 배치한 레이더로 북한의 미사일을 추적하여 그 정보를 미국 본토방어용 미사일 방어체계에 전달하려는 것이 아니냐는 의심이다. 뎀프시 합참의장의 '통합 미사일 방어체계' 발언이 심상치 않은 이유이다.

또한 미 본토를 향해 발사된 북의 미사일을 한국에서 요격하려는 시도가 아니냐는 의구심도 제기되고 있다. 아무튼 2014년 8월 방한한 로버트 워크 미 국방부 부장관은 "미국의 사드체계와 KAMD가 '완벽한 상호운용성(extreme interoperability)'을 갖추는 것을 원한다"고 강조한 바 있고, 이 무렵 성김 주한 미국대사도 "우리(미국)도 원하고 서울도 원하는 것은 미사일 위협에 효과적으로 대처하기 위해 두 시스템이 상호운용성을 갖추는 것"이라고 주장한 바 있다.

이에 대하여 중국 외교부 대변인은 2014년 5월 28일 미국이 한국에 사드를 배치할 계획이라는 보도와 관련하여 "MD에 대한 중국의 입장은 일관되고도 분명하다. 우리는 아시아지역에서의 MD 배치가 지역 안정 및 전략적 균형을 저해한다고 여긴다. 우리는 미국이 이 지역의 관련 당사국들의 합당한 우려에 대해 심사숙고하기를 바란다"고 밝혔다.

시진핑(習近平) 중국 국가주석은 2104년 7월 3일 서울에서 열린 박근혜 대통령과의 정상회담에서 사드 배치 문제를 "신중하게 처리해달라"고 요청하였다. 중국이 사드 배치에 반대하는 것은 ▲북핵 해결에 전혀 도움이 안 되고, 오히려 상황을 악화시킬 소지가 크다는 점 ▲미국의 아시아 재균형 전략의 일환으로 MD를 고리로 삼아 한·미·일 삼각군사동맹을 추진하려고 한다는 점 ▲사드가 중국을 겨냥할 수도 있다는 점 등 때문이다. 미·중 간의 무력충돌 시에 핵심 관건의 하나는 평택·오산 기지가 대중국용으로 전환될 것인가이다.

중국이 평택·오산 기지를 억제하는 수단은 동부 해안에 배치한 중단거리 탄도미사일인데, 미국이 패트리엇을 배치한 데 이어 사드까지 들여오려고 하기 때문에 중국으로서는 위협을 느끼지 않을 수 없는 상황이다. 이것은 중국이 보유하고 있는 사거리 2,500~2,800km의 중거리 지대지 탄도미사일이 사드의 요격 대상이 될 수 있음을 의미하기 때문이다. 특히 중국은 사드체계의 핵심인 X-Band 레이더의 한반도 배치를 우려하고 있다. 4,800km 거리의 야구공을 식별한다는 X-Band 레이더가 한반도에 배치되면 미국이 중국 영토의 상당 부분을 세밀히 들여다볼 수 있기 때문이다.

5) 한·미 합동군사연습은 연례적인 군사연습일 뿐인가

미국의 대북 억제전략은 미 전략사령부의 「작전계획(OPLAN) 8010-08」 및 대WMD전 「개념계획(CONPLAN) 8099-08」, 그리고 지역전투사령부(태평양사령부 예하 주한미군사령부)의 대북 군사작전계획에 따라 집행된다. 2003년에 작성된 미 전략사령부의 「작계 8044」는 대북 핵전쟁 시나리오를 포함했었다. 「작계 8044」는 2008년에 「작계 8010-08」이 작성되기 전까지 시행되었다. 선제공격전략인 '범지구적 공격' 임무를 수행하기 위해 2004년에 작성된 「개념계획 8022」(2004년 폐기)도 북을 주요 핵전쟁 대상으로 지목하였다. 2005~2008년에는 합동기능구성군사령부(JFCC, 미 전략사령부가 '범지구적 공격'을 입안하고 시행하기 위해 설립, 전략적 전쟁계획 임무)의 작전계획이 시행됐는데 이것도 대북 핵공격 계획을 주 내용으로 삼고 있다.

「작계 8010-08」은 2008년에 과거 작전계획 개념과 단절하고 신규 3대 핵타격수단(New Triad) 개념에 따라 작성되었는데, 이것도 북한에 대한 선제 핵공격 계획을 담고 있었다. 주한미군사령관은 「작계 5026」「작계 5029」 등을 갖고 있으며 이 작전계획들에는 대WMD전 군사작전계획도 들어 있다. 「작계 5029」는 북한 급변사태 시 5가지 시나리오를 상정하는데 핵, 생화학무기, 미사일 등 WMD 위협에 대응한 군사작전이 포함되어 있다. 북한 내 반란군 등이 대량살상무기를 탈취해 유사시 사용하겠다고 위협하거나 해외 밀반출을 시도할 경우 한·미 양국군 특수부대가 투입되어 무력화한다는 방안이다.

「작계 5026」은 특수목적 달성(북 핵시설과 지휘부 정밀타격, 군사력에 의한 북 핵능력 제거)을 위한 군사적 방안의 하나로, 지상군을 투입하지 않고 해·공군 전력 위주의 군사정밀타격 개념에 입각한 공격적인 전쟁계획이다. 북한이 WMD를 사용하기 전에 파괴한다는 '공세작전계획'이라 할 수 있다.

전면적 대비계획인 「작계 5027」에 따르면, 북한군의 전면침략 초기에 한국군, 주한미군으로 구성된 한미연합군은 휴전선 이남에서의 방어선을 유지하는데 주력한다. 이후 총 69만 명에 달하는 미군의 대규모 증원전력이 도착하면 휴전선을 돌파하여 북한 인민군의 핵심침공부대를 격멸하는 것으로 되어 있다. 동시에 한미연합군은 휴전선 이북으로 북진하며, 최종적으로는 한국 주도의 통일을 완성시킨다는 것이다.

그러나 대북 억제력의 근간이며 유사시에 북한군의 침공에 대한 반격의 주력인 69만 미군 증원전력이 한반도로 전개되기까지는 1개월가량 소요된다. '압도적인 대량보복능력을 앞세운 북한의 침공격퇴와 북진통일'을 지향하는 점에서 공세적이지만 '선수후공(先守後攻: 먼저 방어하고 이후 반격한다)' 개념에 입각한 수동성이 강하다는 것이다. 이 때문에 한·미 군사당국은 「작계 5027」을 적극적 전쟁억제·수행 전략으로 변경하는 것을 고려하고 있다.

전작권 전환 이후에 채택할 「신공동작전계획」(일명 「작계 501
5」), 그리고 한·미 공동의 「국지도발 대비 작전계획」에 이를 적용
하려는 것이다. 관변 전문가들은 적극적 전쟁억제·수행 전략에서
'전술적 섬멸'과 '전략적 마비' 그리고 '방어와 반격의 동시·통합
수행'을 선호한다. 그러나 이러한 전쟁억제·수행 전략은 어떤 경
우든 한반도에서의 전면전을 상정한 것이어서 엄청난 피해를 감
내하지 않을 수 없고, 최악의 경우에는 핵전쟁까지 감수해야 하는
위험성이 있다. 특히 확장억제의 일환으로 기획된 '맞춤형 억제전
략'은 실제로는 전쟁을 억제하기 보다는 언제라도 전쟁이 터질 수
있는 위기를 만들어내고 있다는 점에서 심각하다.

미국이 확장억제 공약을 근거로 대북 핵전쟁계획을 수립하고
이를 시행할 권한과 책임을 갖고 있는 것은 위험천만한 일이다.
미국의 핵전쟁 결정과정에 한국의 통수권은 배제되어 있어 핵전
쟁계획 수립과 시행은 전적으로 미국의 권한에 속한다. 한·미 연
합방위체제에서 핵전쟁은 미군의 권한으로 되어 있는 것이다.

특히 미국은 북핵이 자신에게 직접적인 위협이 된다고 판단할
경우에는 한미동맹과는 무관하게 독자적인 군사작전을 결행할 수
있으며, 이는 「작전계획 8010-08」과 「개념계획 8099-08」 등이 잘
말해준다. 확장억제 하에서 동맹국의 군사전략은 미국의 핵억제
전략과 별개로 존재하는 것이 아니라 미국의 억제전략에 맞춰지
게 되고 그 실행을 뒷받침하게 된다는 것이다. 한국의 국방정책이
선제공격을 기조로 한 미국의 '전략적 억제 및 범지구적 공격' 개

념(작계 8010-08로 구체화)을 그대로 따라가고 있는 셈이다.

심각한 문제는 '맞춤형 억제전략'이 2014년 8월 UFG 합동군사
연습에서 본격적으로 실시되면서 북한의 반발 강도가 최고조에
이르렀다는 점이다. 합동군사연습에 대한 북한의 강한 반발은
조선인민군 총참모부 대변인의 성명(2014년 8월 17일)을 통해
확인할 수 있다.

> "올해에 강행되는《을지프리덤가디언》합동군사연습은《맞춤형
> 억제》라는 기만적인 외피를 쓰고 우리 공화국(북)에 대한 불의적
> 인 선제타격을 노린 위험천만한 핵전쟁연습이다. 그것은 또한 그
> 누구의 있지도 않는《도발》을 구실로 임의의 시각에《국지적인 전
> 면전》에 불을 지피기 위한 모험적인 실전행위이다.
>
> …이번 합동군사연습에는 유사시 조선전선에 투입할 미제침략
> 군부대들의 거의 모든 지휘소들과 괴뢰 육해공군의 연대급 이상
> 지휘기관들, 괴뢰들의 중앙 및 지방행정기관들과 군수, 민간업체
> 들까지 총동원되고 있으며 핵타격수단을 포함한 여러 가지 살인장
> 비들이 대거 투입되고 있다. 벌어진 사태로 하여 조선반도의 정세
> 는 또다시 위기일발의 험악한 전쟁상황에로 치닫고 있다. 조선인
> 민군 총참모부는 전쟁광신자들의 무모한 북침전쟁책동에 대처하
> 여 우리 혁명무력의 원칙적인 대응입장을 내외에 밝힌다. 미제와
> 남조선괴뢰들이《맞춤형 억제전략》을 실전에 적용하는 것으로 우
> 리에게 선전을 포고해온 이상 우리 식의 가장 강력한 앞선 선제타
> 격이 우리가 선택한 임의의 시각에 무자비하게 개시된다는 것을
> 다시금 천명한다.
>
> …전쟁연습을《정례화》,《연례화》하는 것으로《체제전복과 강

점》,《흡수통일》의 불순한 야욕을 영원히 포기하지 않겠다는 기도를 더욱 노골적으로 드러낸 이상 그것을 분쇄하기 위한 우리 혁명무력의 군사적 대응도 정례적으로, 연례적으로 더욱 강도 높게 벌어지게 될 것이다.”

이렇듯 한·미 합동군사연습과 '맞춤형 억제전략'이 방어의 취지를 무색하게 하면서 북한의 강한 반발을 불러와 전쟁위기를 조성함에도 불구하고 한·미 양국은 북한의 '도발(전면전)'에 대비한 정례적인, 연례적인 군사연습일 뿐이라고 강변하고 있다.

2. 사실상 붕괴된 정전체제

1) 정전협정이란 무엇인가?

우리는 정전협정체제에서 살고 있다. 전쟁상태를 일시적으로 끝내고 평화상태로 전환하기 위해 '임시로' 만든 정전협정체제라는 장치가 60년 이상 지속되리라고는 1953년에는 그 누구도 생각하지 못하였다.

정전협정의 공식 명칭은「국제연합군 총사령관을 일방으로 하고 조선민주주의인민공화국 최고사령관 및 중국인민지원군 사령원을 다른 일방으로 하는 한반도 군사정전에 관한 협정」이다. 1951년 7월 10일 개성에서 첫 정전회담이 개최되었고 1952년 7월 개성에서 본회담이 시작되었으며, 그해 10월에 회담장소가 판문점으로 옮겨졌으나 전쟁포로문제 등으로 인해 9개월간 회담이 중단되기도 하였다.

정전협정은 1953년 7월 27일 판문점에서 유엔군 총사령관 클라크(Mark Wayne Clark)와 조선인민군 최고사령관 김일성, 중국인민지원군 사령원 펑더화이(彭德懷) 명의로 서명함으로써 체결되었으며, 이에 따라 한국전쟁은 일시 '정지'되었다. 한국이 정전협정의 당사자에서 빠진 것은 이승만 대통령이 정전을 반대하여 협정에 서명하지 않았기 때문이다. 그렇다고 해도 한국이 정전체제의 틀에 포함된 실제 당사자라는 것은 부인할 수 없다. 한국군이 유엔군 통제 하에 놓여 있었던 전쟁의 국면에서 보더라도 그렇고, 정전 이후 한국군이 정전협정을 준수해온 관행에서 보아도 그렇다.

한글, 영문, 중문으로 작성된 정전협정은 서언, 전문 5조 63항, 부록 11조 26항으로 이루어져 있다. 서언은 협정의 체결 목적·성격·적용, 제1조는 군사분계선과 비무장지대(DMZ), 제2조는 정화(停火) 및 정전의 구체적 조치, 제3조는 전쟁포로에 관한 조치, 제4조는 쌍방관계 정부들에 대한 건의, 제5조는 부칙, 부록은 중립국 송환위원회 직권의 범위 등을 담고 있다.

핵심은 '정전의 구체적 조치'를 담은 제2조이다. 이 협정으로 한국·미국과 북한·중국 사이의 적대행위는 일시 정지되지만 전쟁상태는 계속되는 '국지적 휴전상태'에 들어갔고, 남북 사이에는 비무장지대와 군사분계선이 설치되었다. 유엔군과 공산군 장교로 구성되는 군사정전위원회 본부가 판문점에 설치되었고, 스위스·스웨덴·체코슬로바키아·폴란드로 구성된 중립국감시위원단이 설치되었다. 정전협정이 60여년 이상 지속되는 경우는 한반도가 유일하다.

정전협정의 제2조 "정전의 구체적 조치" 13항에는 "군사정전의 확고성을 보장함으로써 쌍방의 한 급 높은 정치회담을 진행하여 평화적 해결을 달성하는 것을 이롭게 하기 위하여 적대 쌍방 사령관들"이 취해야 할 조치가 나온다. 중요한 것은 "한반도 국경 외로부터 증원하는 군사인원을 들여오는 것을 정지"[3)목]하는 조치와 "한반도 국경 외로부터 증원하는 작전비행기, 장갑차량, 무기 및 탄약의 반입을 정지"[4)목]하는 조치이다. 그러나 미국은 정전협정에 서명한지 3년 만에 이를 무력화시키는 방향으로 움직이기 시작하여 단계적으로 강도를 높여나감으로써 이 협정을 휴지조각으로 만들었다.

미국은 1956년에 "한반도 국경 외로부터 증원하는 작전비행기, 장갑차량, 무기 및 탄약의 반입을 정지"하기로 한 정전협정의 합의를 고의적으로 파기하기 위해 쌍방의 무력증강 행위를 감시해온 중립국감독위원회를 무력화시켰다. 미국은 1957년에 유엔군사령부를 내세워 정전협정 13항 4)목의 폐기를 일방적으로 선언하였고, 1958년에는 한반도에 핵무기를 배치하였다. 미국과 한국은 반대로 북한이 꾸준히 정전협정을 위반했다고 주장해왔다.

정전협정이 어떤 내용이기에 미국·한국과 북한 간에 서로 협정을 위반했다고 공방을 벌여왔을까?

정전협정은 국제법상으로 교전 쌍방의 '군사령관 간'에 군사작전의 일부 또는 전부의 '정지'를 위해 맺은 군사적 성격의 협정이다. 정전협정에 의한 정전상태는 전쟁을 수행 중인 적대 군대 간 전투행위의 '일시적 중단'에 불과한 것이다. 전쟁 이전의 상태로 복귀하는 효과를 기대할 수는 없는 것이었다. 이런 점을 감안하여 13항에 군사정전의 확고성 보장과 평화적 해결을 위한 정치회담의 필요성이 규정되었던 것이다.

정전상태는 '불안정성'과 '현상타파의 개연성'을 동시에 내포한다. 1954년 4~6월의 제네바 정치회담이 성과를 거두지 못하자 '불안정성'과 '현상타파의 개연성'은 눈앞의 현실로 나타났다. 미국은 한반도에 핵무기를 배치하였고 이에 앞서 정전협정 13항의 폐기에 나섰다. 북한은 이에 격렬히 반발하였으나 미국의 '힘의 우위' 전략을 무력화할 만한 힘과 물리적 수단을 갖지 못하였다. 정전상태의 '불안정성'과 '현상타파의 개연성'이 실재하는 상황에서도 정전협정은 그나마 전쟁재발 억제와 위기관리 기능을 수행해왔지만, 한·미 합동군사연습과 같은 '전쟁연습'이 벌어질 때마다 '전쟁위기설'이 끊이지 않았다.

유엔사령부/한미연합사령부(UNC/CFC)는 「전시 교전규칙」과 별도로 「정전 시 교전규칙」을 운용하여 '법적인 정전상태'에 대응하고 있다. 미 국무부는 한반도의 상황에 대해 "기술적으로 전쟁상태에 있다(technically still at war)"고 표현하기도 하였다(2010년 6월 28일 크롤리(P. J. Crowley) 국무부 대변인 공식브리핑). 한·미 양국은 작전통제권의 개념 및 운용에서 한반도의 법적인 상황을 '평시'로 이해하기도 한다. 미국은 1994년 12월 1일 한·미 양국의 합의에 따라 평시작전통제권을 한국에 환수했는데 이는 정전상태를 '평시'로 해석한 데 따른 것이었다.

미국은 당시에 평시작전통제권을 한국에 돌려주면서 「연합권한위임사항(Combined Delegated Authority: CODA)」에 따라 평시에 ▲전쟁억제, 방어 및 정전협정 준수를 위한 연합 위기관리 ▲작전계획 수립 ▲연합합동교리 발전 ▲연합합동 훈련 및 연습의 계획과 실시 ▲연합 정보관리 ▲C^4I 상호운용성 등을 지속적으로 수행하는 제도적 장치를 만들었다. 이것은 평시작전통제권 환수에 따른 '예외조치'로 간주되고 있지만 실제로는 '평시' 작전통제권 환수마저도 무의미하게 만든 것이었다.

한국 정부와 국회는 정전상태를 전시의 연장으로 보지 않고 '평시 상태의 회복'으로 이해하는 경향을 보여 왔다. 헌법에 따르면, "대통령은 전시, 사변 또는 이에 준하는 국가비상사태에 있어서 병력으로써 군사상의 필요에 응하거나 공공의 안녕질서를 유지할 필요가 있을 때에는 법률이 정하는 바에 의하여 계엄을 선포할 수 있다."(제77조 제1항) 이 규정은 역설적으로 현 정전상태를 평시로 보고 있음을 의미한다. 한국의 역대 정부는 정전상태를 "전시, 사변 또는 이에 준하는 국가비상사태"로 규정한 적이 없다. 국제법에서 정전은 '전쟁상태의 일시적 정지'이고 그 자체 전쟁의 종결 및 평화 회복을 뜻하지 않는다.

국제법 학자들 가운데 일부는 한반도의 정전 상태에 대해 ▲휴전의 상당한 기간 경과 ▲당사자 간의 무력적대행위 포기 의사의 존재 ▲비무장지대와 군사분계선, 정전감시기구 마련, 군비축소 의무 등 제도적 장치 구비 등을 이유로 사실상의 전쟁 종결로 보기도 한다. 그러나 한반도의 정전체제에 이러한 견해를 적용하는 것은 곤란하다. 상대를 겨냥한 군사연습이 활발히 전개되고 있는 점에서 볼 때 무력적대행위의 포기 의사가 존재한다고 보기 어렵고, 정전감시기구가 제대로 작동되지도 않으며 군비축소의 단계에 들어가지도 못했기 때문이다.

정전협정체제는 여전히 '불안정성'과 '현상타파의 개연성'이 존재하는 위험한 상황이 고착화된 것에 불과하며, 한·미 합동군사연습의 강화에 따라 '전쟁의 위험성'은 날이 갈수록 높아지고 있다고 보는 것이 보다 사실에 부합된다.

2) 평화체제 수립을 위한 제안들

북한은 제네바 정치회의 최종 회의에서 남일 외무상이 남북 간 평화협정을 제의한 이래 줄곧 남북 평화협정을 주장해 왔다. 주한미군 철수를 전제로 한다는 단서를 붙이기는 하였지만, 그 뒤 30여 년간 북한은 남북평화협정을 주장해 왔다. 그러다가 1974년 3월 25일 최고인민회의 제5기 제3차 회의에서 처음으로 북·미 평화협정 체결을 촉구하는 대미 서한을 채택하였다.

1980년대에 들어와 북한은 북·미 평화협정과 남북 불가침선언의 동시체결을 주장하기 시작했다. 이러한 북한의 주장은 1992년 2월 「남북기본합의서」에서 '남북불가침' 합의가 이루어지면서 북·미 평화협정으로 집중되었다. 북측은 남북이 상호 불가침에 합의했으므로 이제 남은 과제는 북·미 평화협정의 체결뿐이라는 논리를 펼쳤다.

냉전 종식 직후 미 국방부는 '동아시아 전략구상(EASI)'에 따라 한국 등지에서 미 지상군과 일부 공군 병력을 3단계에 걸쳐 감축하고, 한국 방위의 임무를 점차 한국군에게 넘기고자 했다. 이러한 계획에 근거하여 1991년 3월 한·미 두 나라는 유엔 측 군사정전위 수석대표를 한국군 장성으로 교체했다. 이는 그 동안 북한이 군사정전위 대표가 미군 장성이라는 점을 이용해 남한이 '미국의 꼭두각시'라는 대남 비방 재료로 활용해 왔던 것을 차단하려는 의도도 내포되어 있었다.

그런데 북한은 이러한 시도가 군사정전협정 위반이라고 주장하면서 1992년 8월 북한 군사정전위 수석대표를 소환함으로써 정전체제를 유명무실화하려는 시도를 본격화했다. 북한의 출국 요구로 1993년 4월 체코 중립국감독위 대표단이 철수한 데 이어 1994년 12월엔 중국 군사정전위 대표단, 1995년 2월엔 폴란드 중립국감독위 대표단이 차례로 북한지역을 떠났다. 정전체제의 양대 축인 군사정전위원회와 중립국감독위원회가 무너진 것이다.

그 뒤 1994년 4월 28일 북한 외교부는 '새로운 평화보장 체제'를 내세우며 북·미 평화협정 체결을 요구하기 시작했다. 1994년 5

월에는 군사정전위 공산 측 대표부 대신 '조선인민군 판문점 대표부'를 설치함으로써 정전체제 무력화 시도를 가속화했다. 급기야 1996년 4월에 북한은 '군사정전협정 준수임무 포기선언'을 발표하기도 했다.

이와 같은 북한의 정전체제 무력화 시도에 대해 한·미 두 나라는 대책을 세우지 않을 수 없었다. 정전체제를 대체하기 위한 노력의 하나로 나온 것이 바로 한국과 북한, 미국과 중국이 참가하는 '4자회담'이다. 4자회담은 1996년 4월 6일 한·미 정상회담에서 공동 제의하고 북한이 이를 받아들임으로써 시작됐다. 4자회담 틀 안에는 '긴장완화'와 '평화체제'라는 이름의 두 분과위원회가 설치됐다.

4자회담은 1997년 12월부터 1999년 8월까지 여섯 차례 본회담이 진행되어 평화체제의 내용(평화협정)과 평화체제의 형식(당사자 문제), 긴장완화와 신뢰구축조치, 주한미군, 유엔사령부, 한·미 합동군사훈련, 남북관계, 북·미 관계 등이 폭넓게 논의되었다. 하지만 북한이 주한미군 철수를 전제조건으로 평화협정을 논의하자는 주장을 굽히지 않는 바람에 결국 제6차 본회의를 끝으로 중단되고 말았다.

북한은 김일성 수상이 1962년에 미군철수를 전제로 한 '북남평화협정' 체결을 제안한 이래 1970년대 초반까지 이를 줄곧 주장해 왔다. 북한의 이러한 제안은 한국에서 4·19혁명 이후 자주적 평화통일론이 분출되고 남북의 자주적 노력에 의한 주한미군의 철수가 가능할 것이라는 희망에 근거한 것이었다.

김일성 주석은 1973년 12월 31일에 박정희 대통령이 발표한 6·23선언을 '분단고착화 책동'으로 비난하면서 미국 등 외세개입으로 인해 남한에게서 민족문제 해결능력을 기대할 수 없게 되었다면서 북·미 평화협정을 주장하였다. 북한은 1974년 3월 25일에 최고인민회의 명의의 서한을 통해 북·미 평화협정 체결을 공식적으로 제의하였다. 박정희 대통령은 1974년 연두기자회견에서 '남북불가침협정' 체결을 주장함으로써 북한의 북·미 평화협정 체결 및 주한미군 철수 요구를 회피하였다.

미국은 1975년 9월 키신저 국무장관의 유엔연설을 통해 남·북·미·중 4자회담을 제안하였고 1979년 7월에는 남·북·미 3자회담을 제안하기도 하였다. 이에 대해 북한은 일관되게 북·미 직접접촉을 고수하였다.

북한은 1980년대에 들어와 태도 변화를 보여 북·미 평화협정과 남북 불가침선언의 동시체결을 주장하게 된다. 북한의 주장은 1991년 12월 13일 합의한 「남북기본합의서」에서 '남북불가침' 합의가 이루어지면서 더욱 강화되었다. 합의서에는 "정치군사적 대결상태를 해소하여 민족적 화해를 이룩하고, 무력에 의한 침략과 충돌을 막고 긴장완화와 평화를 보장하며, 나아가 현 정전상태를 남북사이의 공고한 평화상태로 전환시키기 위하여 공동으로 노력한다"는 내용이 담겼고, 이것은 남북이 평화체제로 나아가기 위한 첫 걸음이었다.

북한 외교부는 1994년 4월 28일에 '새로운 평화보장체제'를 주장하며 북·미 평화협정 체결을 거듭 요구하였다. 북한은 1994년 5월에 군사정전위원회 공산측 대표부를 대신하여 '조선인민군 판문점대표부'를 설치하였고, 1996년 4월에는 '정전협정 준수 임무 포기선언'을 발표하였다. 북한은 1996년 2월 28일 외무성 대변인 담화를 통해 "미국의 대 조선정책과 현 조미관계 수준을 고려해 우리는 조선반도에서 무장충돌과 전쟁을 막기 위한 최소한의 제도적 장치라도 시급히 마련해야 한다"며 평화협정 체결 시까지 정전상태를 평화적으로 유지하기 위한 북·미 간 잠정협정 체결을 주장하였다.

앞에서도 보았듯이 한국과 미국은 1996년 4월 6일 제주에서 열린 정상회담에서 '4자회담'을 제안하였다. 미국이 4자회담 제안에 나선 것은 북·미 양자회담의 결과물인 1994년 제네바합의가 북·미 평화협정 체결과 주한미군 철수 요구로 이어질 것을 우려하여 4자회담의 틀을 활용했다는 지적도 있다.

그러나 '김대중-클린턴 라인'과 페리 프로세스에 의해 탄력을 받은 남북관계는 2000년 6월 15일 역사적인 남북정상회담으로 이어졌고, 그해 10월 북한과 미국의 클린턴 정부는 '북·미 공동코뮤니케'를 통해 "한반도에서 긴장상태를 완화하고, 1953년의 정전협정을 공고한 평화보장체계로 바꾸어 한국전쟁을 공식 종식시키는 문제와 관련하여 4자회담 등 여러 가지 방식들이 있다"는 데 동의하기에 이른다.

북한과 미국은 2005년에 6자회담의 결과로 합의한 9·19공동성명에서 북핵문제 해결을 위한 제반 조치와 함께, "직접 관련 당사국들은 적절한 별도 포럼에서 한반도의 항구적 평화체제에 관한 협상을 가질 것"이라고 합의하였다. 또한 6자회담 참가국들은 2007년 2월 13일 "동북아시아의 항구적인 평화와 안정을 위해 공동 노력할 것을 공약하면서 직접 관련 당사국들은 적절한 별도 포럼에서 한반도의 영구적 평화체제에 관한 협상을 가질 것"이라는 데 합의(9·19공동성명 계승)했다. 그리고 남북한 정상이 2007년 10월 4일 "현 정전체제를 종식시키고 항구적인 평화체제를 구축해 나가야 한다는데 인식을 같이하고 직접 관련된 3자 또는 4자 정상들이 한반도 지역에서 만나 종전을 선언하는 문제를 추진하기 위해 협력해 나가기로 함으로써" 한반도 평화체제 구축을 위한 다자 간 회담의 가능성이 열리기도 하였다.

그러나 오바마정부는 2008년 집권 이래 '전략적 인내'를 표방하며 대북 압박과 봉쇄로 북한을 붕괴시키려는 정책을 취함으로써 9·19공동성명을 백지화시켰다.

9·19공동성명과 2·13합의를 관통하는 큰 원칙은 세 가지였다. 첫째로, 미국 등이 북한의 주권을 존중하면서 북한 핵문제를 평화적으로 해결하겠다는 것이었다. 둘째로, 북한 핵문제의 해결에서 '행동 대 행동'의 원칙이 거듭 확인되었다. 북한 핵문제의 해결을 북한의 대외관계 정상화를 포함한 안전보장 및 경제, 에너지 지원 문제를 연동시켜 동시 진행하자는 것이었다. 셋째로, 북한 핵문제

를 궁극적으로 해결하기 위해서는 한반도의 항구적인 평화체제 모색을 위한 적절한 별도의 포럼을 구성한다는 것이었다. 2·13합의에서는 초기 조치와 다음 단계를 구분하고, 각 단계에서 북한과 미국이 서로 합의 가능한 수준에서 상호대응적인 행동을 보다 구체적으로 명시하였다. 초기 조치는 북·미 간 상호신뢰구축 단계로 이해되었고, 북핵 프로그램의 '불능화'를 집행하는 단계는 다음 단계로 정의되었다.

'초기단계'에서 북한의 의무는 ▲영변 핵시설의 폐쇄와 봉인 ▲국제원자력기구(IAEA) 사찰단의 입국과 핵시설 감시작업의 재개 허용 ▲북한의 핵 프로그램 목록 제시 등이었다. 이 단계에서 미국이 취해야 할 신뢰구축 조치는 북·미 양자회담을 열어 국교정상화를 위한 조치들을 시작하는 것이었다. 미국 정부가 ▲북한에 대한 테러지원국 지정 해제 ▲적성국교역법의 북한에 대한 적용중지 등을 위해 노력하도록 명시되었다.

다만 북한이 모든 핵 프로그램을 실질적으로 '신고'하고 그것들의 '불능화'를 진행시키는 것은 '다음 단계'의 의무사항으로 넘겨져 있었다. 미국과 일본이 북한과 외교관계를 정상화하고 북한에 대한 군사적 안전보장을 제공하는 조치들도 '다음 단계'의 일이었다. 이것은 북한이 주장해온 '행동 대 행동'의 병렬적 진행이라는 원칙을 미국 등이 받아들인 데 따른 것이었다. 미국이 북한의 '선 핵폐기, 후 대화'라는 원칙을 포기하는 한편, 북한은 최종적인 핵 폐기를 수용했던 것이다.

그러나 2·13합의는 제대로 이행되지 못함으로써 큰 아쉬움을 남긴 채 역사의 무대에서 사라졌다. 오바마 정부의 '전략적 인내'는 북한에 대한 '전략적 무시'로 변질되어 갔다.

미국은 2011년 12월 김정일 국방위원장의 사망 이후 북한이 급속히 붕괴될 것으로 판단하는 한편, 북핵문제를 대중국 포위망 구축을 위한 지렛대(아시아회귀)로 활용해왔다. 한미동맹에 의거한 한·미 합동군사연습과 한·미·일 군사협력체제의 형성은 유라시아 대륙봉쇄를 지향하는 미국의 아·태전략의 핵심수단이다. 오바마 정부는 아시아태평양 '재균형(rebalancing)' 정책이라고 표현하는데 '지배'나 '패권' 탈환이라는 말을 쓰기가 곤란해서 '재균형'이라 한 것이다. 오바마 대통령은 2010년 6월 "한미동맹은 한국과 미군 뿐 아니라 태평양 전체 안보의 요체(linchpin)"라고 발언했다. 이 발언은 한미동맹이 미국의 아·태지역 지배전략의 핵심수단이라는 것을 돌려서 말한 것이나 다름없다.

미국은 한반도에서 군사력을 증강하고 핵전쟁연습을 할 때에는 늘 북한의 전력 증강과 호전성을 들고 나온다. 북한은 한국전쟁에서 미군의 공습에 의해 초토화됐던 트라우마 때문에 미국을 '철천지 원수'로 보며, 미국과 언젠가는 '판갈이 전쟁'을 치를 것이라고 호언하고 있다. 북한과 미국의 군사대결의 악순환 구조는 평화체제가 이뤄질 때까지는 계속될 수밖에 없는 '역사성'을 갖고 있다. 더욱이 미국은 북핵문제 해결만을 강조하면서 정전체제의 평화체제로의 전환에는 대단히 소극적인 태도를 보였다. 이에 대한 반발로 북한은 핵억제력과 미사일 능력을 급속히 강화하였고 이를 바탕으로 '반미 대결전'을 선포하기에 이르렀다.

3. 북한의 정전협정 '백지화' 선언과 정전체제의 와해

　북한은 김정은 정권이 출범한 이래 정전체제를 평화체제로 전환하기 위한 주도권을 포기하지 않았다. 조선인민군 최고사령부(최고사령관 김정은) 대변인은 2013년 3월 5일자 성명에서 "전쟁연습(키리졸브와 독수리연습 지칭)이 본격적인 단계로 넘어가는 3월 11일 그 시각부터 정전협정의 효력을 완전히 전면 백지화해 버릴 것"이라고 선언하였다. 동시에 "조선반도의 평화체제 수립을 위한 협상기구로서 우리 군대가 잠정적으로 설립하고 운영하던 조선인민군 판문점대표부의 활동도 전면 중지하게 될 것"이라고 밝혔다.

　최고사령부 대변인은 "우리는 정전협정의 구속을 받음이 없이 임의의 시기, 임의의 대상에 대해 제한 없이 마음먹은 대로 정밀타격을 가하고 민족 숙원인 조국통일대업을 앞당기자는 것"이라고 발언하였는데, 여기서 주목되는 점은 "정전협정의 구속을 받음이 없이"라고 언급한 것이었다. 이것은 북한이 정전협정체제를 와해시키는 '현상타파'에 언제든지 나설 수 있다고 선언한 것이었다.

북한이 '정전협정의 효력'을 '전면 백지화'하겠다고 선언한 것과 관련하여 정전협정 부칙 제5조 제61항에 "정전협정에 대한 수정과 증보는 반드시 적대 쌍방 사령관들의 호상 합의를 거쳐야 한다"고만 되어 있고 '백지화', '폐기' 조항이 없다. 협정 당사자 가운데 어느 일방이 '수정과 증보'는 마음대로 할 수 없도록 규정하면서도 '백지화', '폐기'를 상정하지 않은 것은 이것이 '전쟁 회귀'를 의미하기 때문이었다.

북한이 정전협정의 '백지화' 선언을 하면서 "임의의 시기, 임의의 대상에 대해 제한 없이 마음먹은 대로 정밀타격을 가하고"라고 한 것은 '정전의 중지' 가능성을 열어둔 것이었다. 북한이 정전협정의 '백지화' 선언을 되돌리지 않았기 때문에 한·미 합동군사연습 기간에 전쟁이 일어날 위험이 상존한다고 해도 과언이 아니다.

일부 전문가들은 정전협정 부칙 제5조 제62항에 "쌍방이 공동으로 접수하는 수정 및 증보 또는 쌍방의 정치적 수준에서의 평화적 해결을 위한 적당한 협정 중의 규정에 의하여 명확히 교체될 때까지는 계속 효력을 가진다"고 되어 있음에 착안하여 북한의 '백지화' 선언으로 정전협정이 무효화되는 것은 아니라고 해석한다.

한국 정부는 "정전협정은 북한이 일방적으로 파기를 선언한다고 파기되는 게 아니다"라고 밝힌 바 있다(2013.3.11. 국회 외교통일위원회에서 김천식 전 통일부차관 발언). 미 국무부는 "특정 일방이 상대방의 동의 없이 (정전협정을) 철회할 수 없다"는 법률적 판단에 근거하여 북한의 일방적인 정전협정 무효화는 성립되지 않는다는 입장을 밝혔다(2013.3.11. Victoria Nuland 대변인 정례브리핑).

중국 외교부도 "정전협정은 한반도 평화, 안정에 중요한 역할을 해왔다"고 밝힘으로써 북한의 정전협정 '백지화' 선언에 우회적으로 반대하였다(2013.3.6. 화춘잉 대변인 정례브리핑). 그리고 유엔은 "정전협정의 규정은 어느 한 당사자에게 일방적으로 탈퇴하는 것을 허용하지 않고 있다"면서 "이 협정은 여전히 유효하며 효력을 갖고 있다"고 밝혔다(2013.3.12. Martin Nesirky 유엔사무총장 대변인).

그러나 관련당사국들과 유엔이 뭐라고 하던, 북한이 정전협정의 '백지화'를 통해 새로운 대안을 만들려는 의지는 단호한 것 같다. 우리는 정전협정에 "쌍방의 정치적 수준에서의 평화적 해결을 위한 적당한 협정"이 언급된 것을 '평화체제로의 전환'을 상정한 것으로 해석함으로써 그나마 좋은 길을 모색할 수 있다. 북한의 '백지화' 선언에 따라 한·미 합동군사연습 기간에는 언제나 '전쟁위기'의 고조가 예견되는 만큼 정전협정체제를 평화협정체제로 대체하는 것에서 평화의 길을 찾아야 한다.

북한의 핵문제를 평화적으로 해결하고 동북아 차원의 냉전구조를 해체하기 위해서는 한반도에서 정전체제를 종식하고 평화체제로 전환해야 하며, 북·미수교와 북·일수교가 이뤄져야 한다. 더불어 동북아 다자안보기구를 형성하는 데로까지 한발 더 나아가면 동북아에서 냉전구조가 해소되는 새로운 질서가 만들어질 수 있다.

한반도와 동북아에서 새로운 질서가 태동되기 위해서는 남북관계의 질적인 변화가 필요하고, 미국이 북한에 대한 적대시정책을 포기해야 한다. 그러나 미국은 대북 적대시정책을 포기하지도, 평화협상에 나서지도 않고 있다. 그럴수록 북한은 핵억제력을 지속적으로 강화하고 미국 군산복합체와 대북 강경세력에 대해 전면 대결전을 선동할 것이다.

현 상황에서 평화체제를 구축하자면 미국의 정책 변화가 요구된다. 북·미 국교정상화가 진행될 때 비로소 평화체제 구축과 한미동맹 등의 포괄적인 협상이 이뤄질 수 있다. 미국은 핵보유국인 북한과의 평화체제 구축을 위한 전면적인 협상(국교정상화 포함)에 나서느냐, 전면전으로 가느냐의 선택을 강요당하고 있다. 그러나 미국의 대북 적대시정책은 아·태지역 지배전략의 강고한 수단이며, 미국이 대북 적대시정책을 포기할 수밖에 없는 '전환적 계기'는 아직 만들어지지 못하고 있다.

미국이 대북 적대시정책을 포기하도록 하는 상황은 세 가지를 상정할 수 있다.

첫째로, 미국의 아·태지역 지배전략에서 근본적인 변화가 일어나는 상황이다. 당분간 이러한 상황변화를 기대하기는 어렵다.

둘째로, 북한의 핵무력의 급격한 증강에 따라 핵억제력, 핵보복

타격력은 물론 핵무기 확산의 위험이 극도로 높아지는 상황이다. 나아가 북한이 미국과의 핵전쟁을 불사하겠다는 '결사항전'의 상황을 예상할 수 있다. 이런 일이 벌어질 개연성은 상당하며, 만약 그렇게 될 경우, '전쟁' 또는 '전쟁 접경'에 이르는 극도의 위기상황을 감내해야 하고 '참혹한' 피해가 예상된다.

셋째로, 북·미회담(양자), 남북-미국회담(3자), 남북-미·중(4자), 6자회담 등 다양한 회담구조를 통해 평화체제를 구축하기 위한 '진정성 있는' 움직임이 현실화되는 상황이다. 이를 기대할 수는 있겠으나 '평화회담' 분위기가 조성되기 직전까지 극도의 위기상황이 반복으로 나타날 수 있고, 위기관리가 중요해진다.

결국은 미국과 한국 정부의 대북정책의 변화를 유도하는 것이 가장 중요한데, 이를 위해서는 민족의 공동번영과 자주통일을 추구하는 평화운동세력의 적극적이고 창의적인 노력이 필요하다는 점은 말할 나위가 없다.

4. 평화협정과 평화체제가 가져다 줄 이익

1) 전쟁공포에서 벗어나기

한민족은 지정학적인 특수성으로 인해 역사적으로 잦은 외침에 시달려왔으나 전쟁보다는 평화상태에 익숙한 편이었다. 일제 강점기에서 벗어나면서 분단과 전쟁을 겪은 한민족은 정전상태라는 매우 불안정한 여건에 놓이게 되었다. 전쟁의 '일시적 정지' 상태가 무려 70여년 지속된, 그리고 언제 전쟁이 터질지 모르는 상황에서 우리는 전쟁공포에 대한 이중적 태도가 갖게 되었다. 전쟁위기가 고조될 때에는 일시적으로 전쟁공포를 느끼다가도 전쟁위기가 완화되면 언제 그랬느냐는 듯이 '태평스럽게' 일상으로 돌아가는 것이다.

전쟁공포의 일상화가 너무 오래 지속되면서 공포심이 무디어진 측면도 있을 터이고, 전쟁에 대한 회피심리가 작동한 측면도 있을 것이다. 상당수 전문가들은 한반도의 지정학적인 특수성을 들어 전쟁이 일어날 가능성이 적다는 데 동의한다. 이들은 주변 강대국들의 이해관계가 첨예한 상황이기 때문에 남과 북 사이의 국지전이 일어나더라도 전면전으로 확대될 가능성은 적다는 논리를 편다.

다른 일부 전문가들은 한반도는 지구상에서 가장 위험한 '화약고'이기 때문에 남과 북 사이의 국지전이 자칫하면 전면적으로 비화될 수 있다는 점에 주목한다. 이들은 전쟁위기가 자주 반복되다 보면 위기관리가 제대로 작동되지 않아 전쟁이 현실화할 것을 우려한다. 전문가들의 상반된 견해 가운데 어느 쪽을 택하더라도 정도의 차이는 있을지언정 전쟁위기는 존재하고 이로 인한 전쟁공포도 존재한다는 사실 자체에는 변함이 없다.

한국전쟁을 직접 체험한 세대는 줄잡아 70대 이상의 나이이고 그 이하는 전쟁 이후의 참혹함을 조금 경험했거나 아예 경험하지 못했다고 할 수 있다. 청장년 세대들에게 있어 한국전쟁은 현대사의 한 부분이고 현대사를 다룬 도서나 다큐멘터리, 영화 등을 통한 간접 경험에 속한다. 그 이후의 세대도 마찬가지이다. 젊은 세대는 한국전쟁의 참혹한 모습을 사진이나 동영상으로 보더라도 남의 일처럼 느끼기가 쉽고 지나가면 잊어버리는 정도이다.

그러다 연평도 포격사건 같은 남북 사이의 무력충돌이 벌어질 때야 비로소 젊은 세대들도 '일시적' 정전이라는 위험천만한 상태에 놓여 있음을 실감하게 된다. 이처럼 우리는 무력충돌과 전쟁위기가 고조될 때에야 비로소 자신이 상대에 대한 적대감과 증오의

포로였다는 것을 깨닫게 된다. 전쟁공포와 적대감은 쌍생아이고 전쟁상태가 평화상태로 전환되기 전에는 상대에 대한 두려움과 증오심에서 벗어날 수 없다.

전쟁의 참혹한 경험은 전쟁 이후에 평화 지향성을 낳는 것이 일반적이지만 한국에서는 반공우선의 군사정권이 권력유지를 위해 정전상태를 악용하는 분단체제가 정착되었다. 박정희 군사쿠데타 세력은 자신을 근대화의 주체로 내세우면서 근대화 계획을 강력히 추진하였고, 군사주의가 근대화 이데올로기와 통합되었다. 한국군은 단순히 전쟁의 가능성에 대비할 뿐 아니라, 근대화를 달성하기 위해서도 필요불가결한 존재로 여겨졌다.

군사주의는 전쟁이라는 극한상황에 대비하는 군대의 특수한 질서와 문화를 사회적으로 확산시켰고 그에 따른 문제점을 드러내었다. 군사주의와 근대화 이데올로기의 결합은 한국군의 질서와 문화가 식민지 지배에 그 연원을 둔 극도의 억압성과 폭력성을 특징으로 하였다.[1] 군사정권이 국민들의 전쟁공포와 대북 적대감을 악용해 민주주의를 억압하였던 것이다. 한국사회에서는 1987년 6월의 민주항쟁으로 권위주의체제가 후퇴하고 김대중 정부 이후에 남북관계가 개선되면서 비로소 전쟁반대, 평화실현에 대한 관심이 싹을 띄우기 시작하였다.

---

1) 홍성태, 「'50년 전쟁체제'의 사회적 결과: 비정상성의 정상화」, 『남북 간 대립사회체제의 동요와 새로운 갈등구조의 이해』(비판사회학대회 발표 논문, 2000.9.23.) 참조.

한편, 1994년의 북핵위기 이래 한반도 핵문제를 둘러싼 갈등이 커지면서 미국이 한반도에서의 전쟁 가능성을 본격적으로 검토하였고, 이 사실이 공개되면서 한국사회에서 역설적으로 평화에 대한 관심은 커졌다. 그런데 냉전 종식 이후 발칸반도와 중동, 아프리카 등 곳곳에서 크고 작은 전쟁이 지속되었고 미국은 아무거리낌 없이 무력을 사용해왔다. 대량살상무기를 동원한 미국의 세계적 전쟁질서에 저항하는 테러리스트들의 저항도 완강해졌고 그 과정에서 9·11사건이 일어났다. 우리 국민은 누구나 다양한 매체를 통해 국제사회에서 일상화된 전쟁과 테러의 공포를 거의 실시간으로 경험하게 되었고 이것도 평화의 필요성을 절실하게 생각하는 배경이 되었다.

한반도에서 전쟁재발을 막는 유일한 장치인 정전협정은 지난 60년 동안 무력화 되었고 지금은 백지화 되어버렸다. 한반도는 말 그대로 안전핀이 빠진 수류탄 같은 상황에 처해 있다. 한국군 합동참모본부가 2004년에 발표한 「남북군사력평가」 연구에 따르면, 전쟁발발 24시간 안에 재래식 무기로만 군인과 민간인 230만 명이 살상되는 것으로 나타났다. 더군다나 한반도에서 전면전이 일어날 경우 핵전쟁일 가능성이 농후하다.

미국의 천연자원보호협회(NRDC)가 2004년 10월에 내놓은 보고서 「한반도 핵사용 시나리오」에 따르면, 평양에서 80Km 떨어진 북창공군기지에 400킬로톤의 핵폭탄을 투하할 경우 40만 명, 1.2메가톤이면 110만 명이 사망하는 것으로 예측되었다. 서울 용산에

15킬로톤을 투하할 경우 사망자 125만 명, 도시가스저장소와 주유소 화재, 건축물 폭파로 인한 피해는 예측할 수 없을 정도이다.

하나마나 한 이야기이지만, 끊임없는 군비경쟁의 악순환은 남과 북을 승자도 패자도 없는 '공멸의 길'로 인도할 것이다. 평화협정은 한반도에서 전쟁의 위험을 원천적으로 없애 전쟁의 공포로부터 벗어날 수 있는 유일한 길이다.

전쟁의 상처와 정신적 외상(트라우마)에서 벗어나고 전쟁의 위협을 극복하기 위해서는 정전체제를 평화체제로 전환해야 하며, 평화협정은 평화체제로 나아가는 첫 발걸음이다. 남과 북은 평화협정 없이는 상대에 대한 두려움과 증오심에서 벗어날 수 없으며, 이 점에서 보면 평화협정 체결이야말로 집단적인 심리적 질환에서 치유되는 결정적 전기가 될 것이다.

2) 군사주권의 회복

군사주권은 국가주권의 핵심이다. 주권은 국민, 영토와 함께 국가를 구성하는 3요소의 하나로, 국가의사를 최종적으로 결정하는 최고성, 독립성, 절대의 권력이다(『21세기 정치학대사전』).

주권에는 ①국가권력의 최고성, 독립성(국제법상에 다른 어떠한 국가의 권력에도 복종하지 않는 것) ②국가의 최고의사(국가정치형태의 최고결정권) ③국가권력 또는 통치권 그 자체 등 세 가지 의미가 담겨 있다(『두산백과』). 대외적 주권은 개별국가의 안보를 안정적인 국제질서를 통하여 제고시키는 장치이며, '합법적 주권(juridical sovereignty)'으로 이해된다.

합법적 정체성에서 가장 중요한 요소는 불간섭의 원칙이고 이것은 국제사회가 지닌 무정부적 질서에서 비롯된 것이다. 대내적 주권은 국내의 정치적 조직과 통제의 합법화 과정으로, 국내문제에 대해서 외부로부터 어떠한 간섭도 받지 않는 독점적 지배권이다.

대내적 주권은 '경험적 주권(empirical sovereignty)', '대중적 주권(popular sovereignty)'으로 이해된다. 국제법상으로 주권국가는 주민, 일정한 영토, 실효적인 정부, 그리고 제3국과의 자주적인 외교능력을 보유한 국가이며, 군사주권은 개별국가가 스스로 방위와 전쟁억지를 위한 국방안보전략과 정책을 선택할 수 있는 '군사적 자주성'을 일컫는다.

한국은 한국전쟁 시기부터 전시작전통제권을 미국에 이양했기 때문에 군사주권의 제약을 받아왔다. 그리고 한미동맹의 비대칭적 구조는 60여년 이상 한국의 군사주권을 제한하는 정치로 작용해왔다.[2]

한국은 한미상호방위조약 제4조에 의하여 미군의 주둔권리를 '허여(許與)'하였다. 이에 따라 미국은 한국의 영토와 영해 어느 곳에나 기지를 둘 수 있다. 한국은 정부 차원에서든 국회 차원에

---

2) 김기정, 김순태, 「군사주권의 정체성과 한미동맹의 변화」, 『국방정책연구』, 제24권 제1호(2008년 봄, 통권 제79호, 한국국방연구원), 12~13쪽.

서든 주한미군 주둔권리를 제어할 법적 근거를 갖고 있지 못하다. 한미상호방위조약은 유효기간이 정해져 있지 않아 주한미군의 영구주둔이 보장되어 있는 등 지구상에서 가장 '불평등한 조약'이다. 더욱이 한반도에서 군사적 분쟁이 일어나면 미국은 한국 정부의 요청이나 유엔의 결의 없이 언제든지 개입할 수 있다(인계철선에 의한 자동개입).

또한 한국전쟁 과정에서 이양된 한국군의 전시작전통제권은 오늘날에도 여전히 주한미군사령관에게 있다. 한미연합사령부의 정보와 작전 등이 모두 미군에 의해 장악되어 있는 조건에서 한·미 양국이 동등한 권리를 행사한다는 것은 애당초 불가능하다. 일본 자위대는 공식 군대도 아니면서도 작전권을 행사하고 있고, 북대서양조약기구(NATO) 국가들도 독자적으로 작전권을 행사해오고 있다. 나토 국가들의 경우 나토사령부 파견부대만 미군사령관에 배속되어 있으며 한국처럼 작전통제권을 미군에 통째로 넘겨준 경우는 지구상 그 어디에서도 찾아볼 수 없다.

박근혜 대통령은 2012년 12월의 대통령선거에서 "2015년 전시작전권 전환을 차질 없이 추진하겠다"고 한 국민들과의 약속을 2년도 못가서 내던지고 전시작전권 전환을 '무기한 연기'하는 역사적 오점을 남겼다.

김관진 국가안보실장은 노무현 정부 때 합참의장으로서 전시작전통제권 전환 계획에 서명한 당사자였음에도 불구하고 2013년에 박근혜 정권의 초대 국방장관이 되어 전작권 전환 재연기를 미국에 요청하였고 결국 '무기한 연기'에 이르게 했다. 박근혜 정권이 2014년 10월 23일 제46차 한미연례안보회의(SCM)에서 '조건'이 충족되어야 전시작전통제권을 환수한다고 합의한 것은 '안보주권 포기선언'이자3) '군사주권 포기선언'이다.

군사주권의 '포기' 사태와 관련하여 백낙청 서울대 명예교수는 2014년 11월의 한 강연에서 이렇게 말하였다.

"군사주권의 문제는 국가의 온전성을 판단하는 기준 중 하나다. 집단안보체제에 참여하는 것과 한국과 미국 같은 양자관계에서 한 나라가 다른 나라에 일방적으로 군사주권을 이양하는 문제는 질적으로 다르다. 나토와 유럽국 관계와는 구별된다. 평시작전권만 갖고 전시작전권을 안 갖겠다는 군대는 군대라고 하기가 어렵다."4)

백 교수는 한국이 분단 상황에서 군사주권을 미국에 이양함으로써 '결손국가'가 되었고 분단체제의 극복을 통해서만 '온전한 국가'가 될 수 있다는 견해를 갖고 있다. 그는 분단체제의 극복하

---

3) 정욱식, 〈군사주권 '외주화'한 박근혜, 군통수권자 맞나?〉, 《프레시안》, 2014. 10.24.

4) 《중앙일보(중앙SUNDAY)》, 2014년 12월 14일(제405호). 백낙청 교수의 이 발언은 "근대, 적응과 극복의 이중과제"라는 강연(네이버문화재단 후원 릴레이강연 〈문화의 안과 밖〉)에서 최장집 고려대학교 명예교수가 "남한이 전시작전권을 미국에서 넘겨받지 못했기 때문에 국가의 조건을 충족시키지 못하고 있다는 내용이 발제문에 들어 있는데, 냉전 시기의 독일이 나토 공동군사체제에 방위를 맡겼다고 해서 불완전한 국가였다고 정의할 수 있는가"라고 비판한 데 대한 답변으로 나온 것이었다.

기 위해서는 "근대 적응과 근대 극복의 이중과제"를 해결해야 한다는 강조한다. '근대 적응'의 과제는 ▲국민국가 수립 ▲세계경제에의 능동적 참여 ▲정치적 민주주의 ▲과학기술발전 등이고, '근대 극복'의 과제는 ▲서구중심주의 ▲선진국의 제국주의적 지배 ▲자본주의 체제에서의 착취 등이다.

'이중과제론'은 한반도의 분단으로 남북한 모두 근대성을 불완전하게 갖추고 있다는 '분단체제론'과 연결되어 있다. 분단 때문에 한국에서는 자주적인 국민국가가 수립되지 못하였고 정치적 민주주의도 이뤄지지 못하였다는 것이다.

'결손국가'에 대한 백낙청 교수의 지적이 의미심장하게 다가오는 것은, 군사주권을 회복하지 않으면 전쟁위기가 지속될 수밖에 없는 현실 때문이다. 현재의 한미동맹 체제 하에서는 전쟁 조짐이 있다고 판단될 경우 '데프콘3'가 발령되고, 곧바로 작전통제권이 한미연합사령관(미군)에게 넘어가도록 되어 있다. 한반도에서의 전쟁 개시 여부를 미군 지휘관이 판단하고, 미국은 한반도 유사시에 핵무기의 사용을 배제하지 않는다는 방침을 갖고 있다.

한국과 미국이 핵무기 사용을 놓고 입장이 엇갈릴 때 전시작전통제권을 가진 미국은 자신의 국익과 전략에 따라 핵무기 사용 여부를 결정할 것이다. 고위급 군 출신 우익인사들은 한국과 미국의 대통령이 공동으로 군통수권을 행사하기 때문에 한국의 군사주권이 포기된 것은 아니라고 주장하는데, 비대칭적인(종속적인) 한미동맹체제 하에서 이런 주장은 설득력이 떨어진다. 미국은 박근혜 정권의 전시작전통제권 전환의 재연기 요청을 수용하면서 '한국군의 핵심군사능력 구비'를 이유로 공공연하게 사드(THAAD, 고고도 미사일방어체계)의 한반도 배치를 추진하고 있다. 박근혜 정권의 군사주권 포기에 따라 국가적 위상과 외교협상력은 크게 떨어질 수밖에 없으며, 한·미·일 군사협력에서도 전시작전통제권이 없는 한국은 미국과 일본의 뒷전으로 밀려날 것이 분명하다.

군사주권의 회복은 한국의 자주성과 평화통일에 직결되는 문제이고 한국인들의 자존심에 관한 문제이다. 군사주권의 회복과 평화협정 체결은 서로 밀접한 상관관계를 갖고 있다. 군사주권이 회복되면 평화통일에 도움이 되는 국가전략의 수립이 가능해지고 한국군의 기형성과 무능, 비효율을 극복하기 위한 국방개혁에도 제대로 나설 수 있다. 군사주권의 회복 과정이 진척되면 평화협정 체결의 기반이 당연히 마련될 것이다.

그러나 현재의 한미동맹체제 하에서, 더욱이 전시작전통제권의 전환을 '무기한 연기'한 상황에서 군사주권의 회복이 신속하게 전개될 가능성은 매우 적다. 한·미 당국이 비대칭적인(종속적인) 한미동맹 체제를 이완시키려는 의사를 전혀 갖고 있지 않은 상황에서 평화운동세력이 군사주권 회복 운동에 나서면 진보-보수 간의 충돌을 야기할 수도 있다. 대중들의 '반북정서'와 '안보우려감'을 감안한다면 군사주권 회복 운동은 여러 가지 장애에 부딪칠 여지가 있다.

군사주권의 회복이 이처럼 어려운 조건이라면 이를 통해 평화체제로 나아가기 보다는 평화협정 체결을 통해 군사주권이 회복되도록 하는 게 현실적일 수 있다. 남북한을 비롯한 관련 당사국들이 평화협정의 체결을 위한 협의를 개시하는 그 순간부터 한반도에는 훈훈한 바람(薰風)이 불 것이고, 대중들은 평화분위기가 마련되는 가운데 군사주권의 회복을 당연한 정치적 요구로 여기게 될 것이다.

대중들은 군사주권 없이는 한반도의 운명이 미국을 비롯한 강대국 정치의 희생이 되는 것을 막을 길이 없음을 본능적으로 알고 있다. 다만 군사주권의 회복을 앞세우다가 한반도의 군사정세가 급격히 변하는데 따른 '안보위기'를 자초해서는 안 된다고 생각한다. 민족의 운명을 강대국들의 선의(善意)에 맡기고 정세에 따라 이리 밀리고 저리 밀리는 것을 좋아할 민족구성원은 없는 것이다.

이렇게 보면 광범한 애국애족적인 대중들을 포함한 평화운동세력이 평화협정 체결운동을 활발히 전개하고 이것이 한반도 정세변화와 맞물리면서 관련 당사국들이 평화협정 체결에 나서도록 하는 것이 바람직하다. 평화협정의 체결은 필연적으로 군사주권회복의 길을 열어 줄 것이고, 이것은 민족의 공동번영과 자주통일을 촉진시킬 것이다.

3) 군비축소와 국방비 절감

평화협정의 체결은 군비통제와 군비축소로 들어가는 관문이라 할 수 있다. 평화협정의 체결이라는 '정치적 신뢰구축' 없이는 군비통제를 의제로 삼는 '군사적 신뢰구축'에 진입할 수 없고, 군비축소를 의제로 삼는 '군사력의 구조적 통제'에는 더더욱 진입할 수 없다. 평화협정이 체결되어야만 군비통제, 군비축소에 들어갈 수 있는 것이다.

군비통제와 군비축소는 우리 민족에게 참으로 많은 변화를 가져올 것이다. 남북한의 군비축소는 국방비의 절감을 가져오고, 절감된 비용은 사회복지비, 사회간접자본(인프라) 건설비, R&D 비용 등으로 사용할 수 있어 남북한 주민들의 삶이 윤택해질 뿐 아니라 새로운 경제성장의 동력을 찾을 수 있다.

한반도의 군비통제, 군비축소는 동북아의 군비통제, 군비축소로 이어질 수 있고 동아시아 평화공동체 형성을 가속화시킬 수 있다. 구한말 이래 동아시아에서의 열강들의 각축과 일본제국주의의 한반도 강점, 38도선의 분단과 한국전쟁, 그리고 냉전시대로 이어진 역사에서 한반도는 동북아의 '화약고'였고 오늘날에도 한반도에 전쟁위기의 먹구름이 드리워져 있다. 한반도와 동북아가 전쟁위기에서 벗어나려면 한반도에서의 평화협정이 무엇보다도 선결되어야 한다.

군비통제에 관한 민간 전문가들의 제안들을 전반적으로 살펴보면 평화협정 체결은 '군사적 신뢰구축'에 앞서 '정치적 신뢰구축'의 단계로 이해하고 있음이 확인된다. 국내외 학자, 전문가, 민간단체들에 의해 다양한 군비통제 방안이 오래 전부터 제시되어 왔으며, 남북 간에는 합의된 군비통제 조치들(남북기본합의서 및 비핵화공동선언 등)이 존재함에도 불구하고 여전히 초보적인 군비통제조차도 실현되지 못하고 있다.

남북한이 군비축소는커녕 초보적인 군비통제조차 실현하지 못하는 것은 남과 북이 군사문제에 대한 접근방식이 전혀 다른 데서 기인한다. 북한은 미국을 한반도의 불안정과 위협의 근원으로 보고 있다. 북한의 모든 군축 제안은 미국을 겨냥한 것이었다. 즉 미군 철수, 한국에서의 미국 핵무기 철수, 한미상호방위조약 폐기, 북·미 평화협정, 무기작전장비 및 군수물자 반입 중단, 유엔사령부 해체, 한·미 연합작전훈련 중단, 미국의 대북적대시정책 포기 등에서 알 수 있듯이 위협의 주체는 언제나 미국이었다.

북한의 이러한 시각은 2007년 7월 '조·미 군부 사이의 회담 제의'에 집약적으로 표현된 바 있다. 첫째, 모든 외군군대의 철수를 명시한 정전협정 60항의 위반을 지적함으로써 주한미군 철수의 명분을 찾았다. 둘째, 현대화된 육·해·공 무장장비의 한반도 도입은 정전협정 13항 위반이라고 지적함으로써 첨단장비 및 핵무기를 미·북 간 군비통제 협상사안으로 끌어가려는 의도를 보였다.

셋째, 미국의 핵 공격과 선제타격에 대비해 자신의 존엄과 자주권, 생존권을 지키기 위해 대응타격수단을 더욱 완비해나가는데

〈표 5〉 민간 전문가들의 한반도 군비통제 제안 현황

구분	군비통제 제안내용
정치적 신뢰구축	- 상호불가침조약 또는 선언 - 평화협정 체결 (*) - 상호비난 중지 - 대화 활성화 및 교류협력 확대 - 내정간섭 금지 - Hot-line의 다변화 - 남북한의 주변4국이 참가하는 국제적 보장장치 - 전쟁방지를 위한 위기관리체제 구축
군사적 신뢰구축 및 군사력의 운용 적 통제	- 정전협정의 충실한 준수 - 군수산업의 민수전환 가시화 - 비무장지대의 실질적인 비무장화 내지 평화지대화 - 정전회담의 남북군사책임자간 회담으로의 성격 변화 - 군사공동위원회 구성 - 군사훈련참관단 교환 - 군인사 상호교류 - 군사정보 교환 - 연간 군사활동 계획의 교환 - 일정 규모 이상 군사훈련 사전통보 - 군사훈련의 규모와 형태 제한 - 공세적 성격의 군사훈련 금지 - 군사훈련의 현지검증 의무화 - 연락장교 파견 - 병력 및 장비이동의 사전통보 - 일부 지역에서 비무장지대 폭 확대 - 병력 및 장비(특히 공격용)의 후방배치 - 공세전력, 특히 해군과 공군활동 규제 - 동원 예비전력의 훈련규제 - 남북한 병력배치 제한지배 설치 및 출입제한
군사력의 구조 적 통제	- 군사력의 증강 중지 - 북한의 잉여전력 감축을 통한 남북한 균형 달성 (*) - 군사력의 균형적 축소 (*) - 공격용 무기의 생산 및 반입 규제 (*) - 대량살상 무기체계의 생산중지 (*) - 주한미군의 철수와 북한군 동시 감축 (**)

	- 주한미군 주둔상황에서 남북한 동시 감축 (**)
	- 남북한 동일 수준으로 병력 감축 (*)
검증	- 현장검증 방식
	- 현장검증 장비 사용
	- 공중정찰과 상주감시단 운용
	- 불시검증의 허용
	- 주변4국에 의한 감시단 구성

[출처] 한용섭, 「한반도 군축의 진행경과와 앞으로의 과제」, 유네스코 발표 논문(1998.8.31.), 6쪽; 이서항, 「한반도 안정과 평화를 위한 포괄적 군비통제 방안」, 국방부, 『한반도 군비통제』, 군비통제자료 24(1998.12), 31~32에서 재인용.

(*) 부분은 평화협정 체결과 군비축소와 관련된 부분을 표시한 것이다.

(**) 부분은 민간 전문가들이 '남북한 동시 감축'은 '주한미군 주둔상황'에서만, '북한군 동시 감축'은 '주한미군의 철수상황'에서만 고려하고 있음을 보여준다.

총력을 기울일 것이라고 밝힘으로써 핵무기 개발의 정당성을 찾고 대규모 전쟁연습과 방대한 무력증강책동 중지의 논리적 연결을 이끌어 내었다.

넷째, 정전협정 60항의 강조를 통해 직접적 주한미군 철수 문제의 언급을 회피하면서 한반도의 평화체제로의 전환을 통해 주한미군 철수 문제를 자연스럽게 유도하려고 하였다.[5]

이에 비해 한국은 한반도의 긴장완화와 신뢰구축을 남북 차원에서 해결하고자 해왔으며 접근방식에서 북한과 매우 달랐다. 첫째, 남북 경협의 심화 확대를 통해 정치군사적 불신 해소 및 신뢰구축을 해나가겠다는 생각이었다. 한국은 남북 간 군비통제 실현을 위한 최우선 단계로 남북 경협의 활성화와 확대에 중점을 두면서 이 과정에서 발생할 수 있는 군사적 보장조치 문제에 대한 남

---

5) 〈조미 군부 사이의 회담 제의〉, 《로동신문》, 2007년 7월 14일자.

북 군당국 간 대화창구가 궁극적으로는 군 당국 간 신뢰구축조치로 이어질 수 있다는 입장이었다.

둘째, 실질적인 군사적 신뢰구축으로 이끌어내겠다는 것이었다. 2004년부터 개최된 남북 장성급회담에서 남측이 제시한 제안들을 보면 ①실천이 용이하고 쌍방에 이익이 되는 부분에서부터 시작하여 본격적인 군비통제로 나아가겠다는 목표 하에, ②남북이 직접 충돌한 지역, 즉, '서해상 우발적 무력충돌방지' 방안을 최우선적인 시급한 사안으로 제시하며 남측의 2함대사와 북측의 서해함대사 간 직통전화를 조속히 설치하도록 한 점 ③남북 국방장관회담 개최 요구 ④NLL을 기준으로 동일 면적의 수역에서 공동어로의 시범적 운영 후 확대 실현 ⑤북측의 군사분계선 지역에서의 선전활동 중지 및 선전수단 제거에 대해 합의한 점 ⑥경협 관련 군사적 보장조치 합의 등 남북 간 군사적 신뢰구축 조치를 위한 노력이 가시화되는 방향을 중시한 점 등을 알 수 있다.

셋째, 남북 충돌지역이었던 비무장지대와 서해부터 단계적으로 신뢰구축 조치 합의를 원하는 '단계주의적 접근'이었다. 북한이 이에 대하여 '포괄적이고 일괄적인 접근'을 추구해왔음은 널리 알려진 사실이다.6)

이처럼 남북한은 군비통제 정책에서 팽팽한 평행선을 그리고 있다. 남북한의 군비통제안를 비교하면 잘 나타나듯이 한국은 단

---

6) 이호령, 위의 책, 90~93쪽.

계적이고 점진적인 군비통제정책을 추구해왔다. 즉 남북 화해협력→남북연합→통일국가의 형성을 단계별로 상정한 민족공동체 통일방안과 병행하여 각 단계별로 군비통제 목표를 '군사적 신뢰구축→군비제한→군비축소'로 이어지는 3단계로 설정하고 있는 것이다.

한국은 주한미군 문제가 한미동맹의 내부문제라는 점을 들어 남북 군비통제의 논의대상이 아니라는 태도를 취하고 있다. 다시 말해 주한미군 전력을 제외한 상태에서, 통제대상의 선정 및 통제 수단에 있어 재래식 무기와 장비를 대상으로 한 '대칭적 상호주의' 방법에 입각해 있다고 볼 수 있다.

남북한의 군사현안에 대한 접근법이 이처럼 다르기 때문에 평화협정 체결의 중요성은 더욱 커진다. 평화협정 체결의 결과로 군비통제와 군비축소가 이뤄질 것이고 이에 따라 국방비가 상당한 수준으로 절감될 것이다.

국방부의 홍보자료는 국방비와 국민경제는 '선순환' 구조를 갖고 있음을 강조한다. 즉 적정 국방비→튼튼한 안보태세→사회안정→경제활동 및 투자촉진→경제성장으로 이어지는 동시에, 적정 국방비→국내수요창출→생산촉진/기술진보→생산능력 및 고용증대→경제성장으로 이어진다는 것이다.

또한 경제성장은 역으로 세입증가를 가져오고 정부재정 확대로 이어져 국방비의 배분 확대를 가져온다는 것이다. 그리고 국방비 1,000원 지출 시 1,684원의 생산유발효과(제조업 2,095원, 서비스

〈표 6〉 남북한 군비통제안 비교

구 분	북 한	남 한
기본원칙	- 신뢰구축-군비축소 일괄 동시실현 ※ 한·미 군사훈련 중지 및 주한미 군 철수를 전제조건화	- 신뢰구축-군비제한-군비축소의 순으로 단계적 접근 ※ 주한미군 철수문제는 논외
군사적 신뢰구축	- 군사훈련의 제한 - 군사훈련의 사전통보 - DMZ 평화지대화 - 우발충돌 및 확대방지를 위한 직통전화 설치 - 군사공동위원회 설치	- 군사훈련 사전통보 및 참관 - DMZ 완충지대화, 평화적 이용 - 군 인사 상호방문 - 군사정보 상호공개 및 교환 - 직통전화 설치 - 군사공동위원회 설치
군비제한	- 없음	- 주요 공격무기, 병력의 상호 동수 배치 - 전력배치 제안구역 설치
군비축소	- 3~4년 기간 중 3단계 병력감축 (30만-20만-10만) - 군사장비의 질적 갱신 금지 - 군축정형 통보, 검증 - 조선반도 비핵지대화	- 통일국가로서의 적정군사력 수준으로 상호균형감축 - 방어형 전력으로 부대개편 - 공동검증단과 상주감시단 운영
평화보장방안	- 남북한 불가침선언 - 미·북 평화협정 체결	- 남북한 불가침선언 - 남북한 평화협정 체결

* 1990년 9월~12월 제1차~제3차 남북고위급회담에서 나타난 남북한의 입장을 정리한 것.
[출처] 통일원, 『남북한 군축 제의 관련 자료집』(서울: 남북대화사무국, 1994년), 26~32쪽; 황진환, 「포괄적 대북정책과 군비통제: 남북한 군비통제의 새로운 지평을 향하여」, 『국방정책연구』, 제15권 제2호(한국국방연구원, 1999년 여름호), 95쪽에서 재인용.

업 1,664원, 산업 평균 1,882원)가, 국방비 10억 원 지출 시 12.3명의 취업유발효과(제조업 9.4명, 서비스업 18.3명, 산업 평균 13.9명)가 발생한다고 강조한다.

이 수치는 국방연구원(KIDA)의 『국방예산의 국민경제 환원효과 연구』(2014년)를 인용한 것으로, 국방비의 생산유발효과가 서비스업보다 높고, 취업유발효과는 제조업보다 높다고 강조함으로써 국방비 지출을 합리화하고 있다.

그러나 정부예산 및 12대 분야별 재원배분을 보면 국방비가 차지하는 비율이 매년 10%대이고, 2015년 국방예산은 37조6천억 원(국회 심의에서 37조4,560억 원 확정)에 이르는 것을 알 수 있다. 2015년의 국방비는 보건, 복지, 고용비의 3분의 1을 차지하고 있다. 이 상황에서 2015년에 평화협정이 체결되어 군비통제와 군비축소(병력 50%, 무기증강 동결 등)가 동시에 진행된다고 단순 가정을 하고, 2015년 예산(확정)에서 국방부 소관의 전력운영비(병력운영비, 전력유지비) 26조4,420억 원 가운데 최소한 30%를 절감하고 방위력개선비 11조140억 원의 최소한 70%를 절감하는 것으로 가정하면 15조6,424억 원의 재원을 다른 분야, 즉 복지비용이나 R&D로 배분할 수 있는 것이다.

15조 원 이상을 국방비에서 절감하여 다른 분야로 배분한다면 생산유발효과와 취업유발효과에서도 월등한 효과를 거둘 것이다. 더욱이 북한으로서도 국방비 절감 규모가 한국과 다를지라도, 상당한 재원을 복지비용이나 R&D, 그리고 사회간접자본(SOC)에 투입함으로써 경제재건의 기회를 가질 수 있다.

더욱이 통일 후 국방분야의 경제적 효과를 다룬 한 연구는 2030~2050년의 기간에 ▲남한 국방비 감축효과 694조 원 ▲북한 국방비 감축효과 660조 원 ▲북한 병력 감축효과 179~256조 원 등으로 예측한 바 있다(〈표 9〉).[7]

<표 7> 정부예산 및 12대 분야별 재원배분

구분	2013년		2014년		2015년	
	금액 (조원)	비율 (%)	금액 (조원)	비율 (%)	금액 (조원)	비율 (%)
총지출	342.0	100	355.8	100	376.0	100
1. 보건, 복지, 고용	97·4	28.48	106.4	29.90	115.5	30.72
2. 교육	49.8	14.56	50.7	14.25	53.0	14.10
3. 문화, 체육, 관광	5.0	1.46	5.4	1.52	6.0	1.60
4. 환경	6.3	1.84	6.5	1.83	6.7	1.78
5. R&D (연구개발)	16.9	4.94	17.7	4.97	18.8	5.00
6. 산업, 중소기업, 에너지	15.5	4.53	15.4	4.33	16.5	4.39
7. SOC (사회간접자본)	24.3	7.11	23.7	6.66	24.4	6.49
8. 농림, 수산, 식품	18.4	5.38	18.7	5.26	19.3	5.13
9. 국방	34.3	10.03	35.7	10.03	37.6	10.00
10. 외교, 통일	4.1	1.20	4.2	1.18	4.5	1.20
11. 공공질서, 안전	15.0	4.39	15.8	4.44	16.9	4.49
12. 일반, 지방행정	55.8	16.32	57.2	16.08	59.2	15.74

* 2013~2014년은 본 예산 수치이며 추경예산은 포함시키지 않은 것임.

이러한 수치의 객관성은 둘째 치고라도 평화협정에 따라 군비 통제와 군비축소가 이어지고, 군비축소에서 통일로 이어지는 일련의 과정에서 경제효과가 엄청날 것이라는 가정은 누구나 알 수 있는 상식의 범주이다. 이러한 모든 출발은 평화협정의 체결에서 시작될 수 있다. 지난 수십 년 동안 한국 정부가 추구해온 '기능주의적 접근', 즉 남북 간에 경제와 사회문화 분야의 교류와 협력을

---

7) 박주현, 「통일에 따른 국방분야의 비용 및 효과」, 『국방정책연구』, 제30권 제3호(한국국방연구원, 2014년 가을호), 83쪽.

확대해 나가다보면 자연스럽게 군비통제와 군비축소에 이를 것이 라는 가정은 이미 유효성을 상실한 지 오래다. 정치군사문제 우선 해결의 중요성이 날로 커지고 있고, 특히 심심치 않게 핵전쟁의 위험성이 제기되고 있는 현 상황에서 보면 관련 당사국들의 평화 협정 체결은 무엇보다도 시급한 과제이다.

〈표 8〉 통일 후 국방분야의 경제적 효과 규모 및 범위단위: 조원

구분	20년간(2030-2050) 규모	규모의 불확실성 범위
남한 국방비 감축효과	694	520~870
북한 국방비 감축효과	660	570~750
주식시장 국부 증대효과	124	87~161
외채 이자 경감효과	55	39~72
북한 병력 감축효과	179~256	125~333
계	1,432~1,807	1,341~2,186

평화협정이 체결되면 민족의 공동번영과 통일과정으로의 진입 이 정치일정에 오를 것이다. 남북한은 이미 역사적인 6·15공동선 언(2000년)과 10·4선언(2007년)에서 민족의 공동번영과 통일과정 으로 진입의 문을 열어놓았다. 남북한은 6·15공동선언에서 "경제 협력을 통하여 민족경제를 균형적으로 발전"시키는 것에 합의하 였다(제4항).

10·4선언에서는 "민족경제의 균형적 발전과 공동의 번영을 위 해 경제협력사업을 공리공영과 유무상통의 원칙에서 적극 활성화 하고 지속적으로 확대 발전시켜 나가기로 하였다."(제5항) 10·4선

언은 민족경제의 균형적 발전과 공동번영을 위한 경제협력사업을 구체적으로 다루고 있다. 즉 큰 틀에서는 ▲경제협력을 위한 투자 장려 ▲기반시설 확충과 자원개발의 적극 추진 ▲민족내부협력사업의 특수성에 맞게 각종 우대조건과 특혜의 우선적 부여 등에 합의했던 것이다. 이어서 ▲해주지역과 주변해역을 포괄하는 '서해평화협력특별지대' 설치 ▲공동어로구역과 평화수역 설정 ▲경제특구 건설과 해주항 활용 ▲민간선박의 해주직항로 통과 ▲한강하구 공동 이용 등을 적극 추진하기로 하였다.

하지만 여러 경제협력사업 가운데 개성공업지구 사업만 성과 있게 진행되고 있고 나머지는 남북관계의 교착국면이 장기화하면서 좀처럼 실행의 전환점을 만들지 못하고 있다. 이명박 정부가 천안함사건을 이유로 발표한 '5.24조치'에 박근혜 정권도 발목이 잡혀 있다. 천안함사건이 남북관계를 가로막은 현실을 생각할 때 평화협정의 체결은 더욱 중요한 정치적 의미를 갖는다. 평화협정의 체결과 같은 정치군사문제의 우선적 해결 없이는 남북관계가 언제든지 뒷걸음 칠 수 있음을 천안함사건이 잘 보여주고 있는 것이다.

김대중 대통령과 김정일 국방위원장은 6·15공동선언에서 "나라의 통일문제를 그 주인인 우리 민족끼리 서로 힘을 합쳐 자주적으로 해결"하는 것(제1항)과 "나라의 통일을 위한 남측의 연합제안과 북측의 낮은 단계의 연방제안이 서로 공통성이 있다고 인정하고 앞으로 이 방향에서 통일을 지향"하는 것(제2항)에 합의하였다. 통일과정에 진입하겠다는 양 지도자의 큰 뜻이 한데 어우러져 역사적인 합의를 끌어냈던 것이다.

이어서 노무현 대통령과 김정일 국방위원장은 10·4선언에서 6·15공동선언을 '고수'하고 '적극 구현'하기 위해 "우리민족끼리 정신에 따라 통일문제를 자주적으로 해결"하는 것과 "민족의 존엄과 이익을 중시하고 모든 것을 이에 지향"하는 것(제1항)에 합의하였다. 특히 10·4선언은 경제협력사업을 규정한 제5항에 앞서 정치적 화해(제2항), 군사적 긴장완화(제3항), 항구적인 평화체제 구축(제4항) 등에 관한 구체적인 메시지를 포함시켰다.

특히 현 정전체제의 종식과 항구적인 평화체제 구축을 위하여 ▲직접 관련된 3자 또는 4자 정상들의 종전 선언 추진 ▲한반도

10·4선언

2007년 남북정상회담을 갖고 10·4선언에 서명한 남북의 두 정상이 문서를 교환하고 있다.

핵문제 해결을 위해 6자회담, 9·19공동성명, 2·13합의가 순조롭게 이행되도록 공동 노력 등을 담았다.

이렇게 보면 평화협정의 체결이야말로 정치적 화해, 군사적 긴장완화, 항구적인 평화체제 구축 등으로 나아가는 지름길이고 이것은 자주통일 과정에의 진입을 순조롭게 만드는 결정적 계기라고 할 수 있다.

제2장 누구를 위한 평화체제인가

"2006년 11월 18일 베트남 하노이에서 열린 한·미 정상회담에서 조지 부시 미 대통령은 북한의 핵 폐기 후 체제보장 문제와 관련해 한국·미국·북한 3국이 '종전협정'(종전선언)에 서명하는 방안을 언급하였고, 10·4선언을 통해 한국과 북한도 이에 동의하였다. 이를 통해 종전선언→평화협정→평화체제 구축이라는 한반도 평화체제프로세스가 잠정적으로 마련되었고, 평화협정의 당사국도 '3자 또는 4자'로 합의되었다."

1. 평화협정, 평화체제는 무엇인가

정전협정 체제와 평화협정 체제 사이에는 근본적인 차이가 있다. 정전협정(armistice agreement)은 '군사적 적대행위를 정지할 목적으로 체결하는 군사적 성격의 협약'이다. 평화협정(peace agreement)은 '전쟁의 종료를 목적으로 하는 교전당사자 간의 정치적 합의'이다. 평화협정은 평화과정에 들어서는 출발점이자 평화과정을 보장하는 중요한 요소이다.

평화체제(peace regime)는 '평화에 관한 사회적 기구 또는 구조'이며 조약(협정)에 의해 형성된다. 평화체제에서 평화는 평화유지(maintenance of peace)와 평화회복(restoration of peace)의 방법으로 이루어진다.[8] 평화체제는 ▲전쟁 당사국의 전쟁 종료 ▲전쟁재발 방지와 평화유지를 위한 제도적 장치 마련 등을 담은 평화협정에

---

8) 김명기, 「평화체제 구축에 관한 이론적 개관」, 곽태환 외, 『한반도 평화체제의 모색』(서울: 경남대학교 극동문제연구소, 1997년), 4~5, 15쪽.

서 출발하여 ▲전쟁 당사자 간의 적대관계 해소 및 관계정상화 ▲ 항구적 평화정착의 실현 등으로 만들어지는 시스템이다.

역사적으로 평화협정은 두 모습으로 나타났다. 하나는 전쟁 당사자 간에 전쟁의 종결을 합의한 평화협정(조약)이다. 제1차 세계대전의 종결을 선언한 베르사이유평화조약, 제2차 세계대전의 종결에 따른 샌프란시스코평화조약, 베트남전쟁의 종결을 선언한 파리평화협정 등이 그 예다. 여기서 공통점은 전쟁의 승자와 패자 사이에 맺어진 협정(조약)이란 점이다.

다른 하나는 제3자가 전쟁 당사자 간의 전쟁 종결을 중재하여 맺어진 평화협정이다. 미국의 중재 하에 이스라엘과 팔레스타인이 1993년에 맺은 오슬로평화협정이 대표적인 사례이다. 이 협정은 승패를 확정짓지 못하는 조건에서 장기적, 소모적 전쟁으로 인한 피해를 줄이고 평화를 회복하기 위해 제3자가 개입했던 특징을 보인다.

이 경우에는 어느 쪽도 패배를 인정하지 않기 때문에 한계를 지닐 수밖에 없다. 오슬로평화협정은 이스라엘의 강경한 보수세력에 의한 라빈 총리 암살과 정착촌 강행으로 인해 깨져버렸다. 평화협정은 힘 대 힘의 대결에 의해 승패가 분명해진 조건에서, 또한 힘에 의해 이를 뒷받침할 수 있는 조건에서만 유지 가능한 것이다. 따라서 어느 일방이 패배를 인정하지 않거나 회피하면 평화협정은 맺어지지 않거나 지체될 수 있고, 또한 언제든지 깨질 수도 있다.

한반도에서의 평화협정은 평화체제 구축의 선결조건은 아니지만 협정이 체결되면 말할 것도 없이 '평화정착의 법적·제도적 환경'이 조성될 수 있다. 평화협정은 당사국들의 종전과 평화를 위한 '정치적 결단'에 의해 체결될 수 있으며, 이 협정을 통해 평화정착을 앞당기고 공고히 할 수 있다.

북·미관계가 진전되고 북핵문제 해결의 가능성이 높아지는 상황에서 평화협정의 체결은 북한에 대한 체제 안전보장 수단이 될 것이기 때문에 북한으로 하여금 핵을 포기하게 하는 유인책이 될 수 있을 것으로 간주돼 왔다. 한반도에서의 평화협정은 북·미 관계정상화, 북한의 핵무기 프로그램의 진정한 불능(不能)화를 포함한 한반도 비핵화 등과 연계될 수밖에 없고, 이 협정은 참가국들에게 법적·제도적인 구속력을 지닌 장치가 될 것이다.

'한반도 평화협정'의 체결과정에서 한국과 미국에서는 절차 문제가 부각될 것이다. 남북관계의 특수성(남북기본합의서에 명시된 '잠정적 특수관계')을 감안하면 남북 간에는 '조약'이 성립될 수 없기 때문에 한국 국회와 북한 최고인민회의에서는 '협정'의 형태를 통과시키게 될 것이다. 미국에서는 '협정(agreement)'과 '조약(treaty)' 가운데 하나를 선택할 수 있어 그 형식과 절차가 중요해질 것이다. 미국 헌법에 따르면, 조약은 상원에서 3분의 2이상의 동의를 얻어야 한다. 법적·제도적 안정성을 가지려면 '평화조약' 내지 의회의 과반수의 동의 절차를 거치는 '의회행정협정(congressional-executive agreement)' 수준의 '한반도 평화협정'이

되는 것이 바람직하다.

미국 내에서는 일부 정치세력이 의회의 동의와 무관하게 행정부가 체결할 있는 '행정협정(executive agreement)'을 주장할 수도 있지만 이것은 현실성이 거의 없다. 미국에서는 조약이 협정에 비해 법적 지위가 높고 구속력도 크다. 문제는 냉전의식과 반북의식이 팽배한 미국 사회에서 상원 의석의 3분의 2이상을 확보하기가 쉽지 않다는 점이다. 또한 과반을 확보해야 하는 '의회행정협정'은 조약에 비해서는 용이하겠지만 이 역시 논란을 야기할 수 있다.

반면에 행정협정은 정부 사이의 외교적 합의로 그 절차가 마무리되기 때문에 그 절차가 쉽다. 그러나 행정협정 수준의 '한반도 평화협정'에 대해서는 북한이 받아들이지 않을 것이다. 북한은 평화협정과 북·미수교를 동시에 고려하고 있기 때문이다. 결국 미국으로서도 '조약'이나 '의회행정협정'을 고려하지 않을 수 없을 것이다.

한반도 평화체제는 '한반도에서 전쟁이나 무력충돌(군사적 행동)이 없고 평화를 교란할 수 있는 비평화적인 요소들이 제거된 상태'로 정의할 수 있다.[9] 여기서 무력충돌과 군사적 행동이 없는 상태가 평화체제라는 점에서는 남북한 사이에서나 국내의 보수-진보 사이에서 의견차이가 없다. 그러나 '비평화적인 요소들'을 어떻게 볼 것이냐를 둘러싼 해석에서는 차이가 뚜렷하다.

---

9) 송대성, 『한반도 평화체제: 역사적 고찰, 가능성, 방안』(세종연구소, 1988년), 206쪽.

학계의 다양한 개념 규정을 종합하면, 한반도 평화체제는 세 측면을 포함한다.

첫째, 법적인 측면으로 현재의 정전협정을 평화협정으로 대체하는 것이다. 이렇게 되면 정전협정의 준수와 관리를 주 임무로 해온 유엔군사령부는 해체되거나 근본적으로 성격이 변화되어야 한다.

둘째, 군사적 측면으로 남북 간에 실질적인 군사적 신뢰구축과 군축이 이루어져 평화의 물리적 여건이 성숙되는 것이다. 재래식 군축이 이루어지려면 남북 간의 군사력 조정과 함께 주한미군의 감축 및 역할 범위의 변경이 수반되어야 한다.

셋째, 국제적 조건의 측면으로 한반도 주변의 냉전체제가 완전히 해소되는 것으로, 북·미관계 및 북·일관계 정상화가 이루어짐에 따라 동북아 국가들 간의 긴장과 갈등의 잔재가 해소되는 것을 포함한다. 이렇게 보면 평화체제는 기존의 정전체제를 대체하는 동시에 평화 여건을 창출하는 것을 포함한 적극적 개념이라 할 수 있다. 이것은 '분단체제의 안정화'나 '분단의 관리'에 집착하는 소극적인 평화체제 개념에서 벗어나야 한다는 것을 뜻한다.

적극적인 평화체제는 법적 측면, 군사적 측면, 국제적 조건 등을 넘어 평화질서의 회복이라는 차원에서 한미동맹 구조의 해체로 나아가지 않을 수 없다. 특히 평화질서의 회복은 분명히 유엔군사령부 해체 및 주한미군 철수 등의 핵심쟁점과 연관되어 있지만 전문가들은 가급적 이러한 민감한 논의를 피하려고 한다. 평화

구 분	정전체제	평화체제
군사적 적대행위	전투행위의 일시중단	전쟁 종결과 불가침 확약
주한미군	장기주둔	(단계적) 철수
동맹	한미상호방위조약 조·중 우호협력 및 상호원조조약 강화	한미상호방위조약 조·중 우호협력 및 상호원조 조약 등 해체
북·미관계	적대관계, 적대행위	관계정상화, 수교
남북관계	군사적 대결, 군비경쟁	군사적 긴장해소, 신뢰구축, 군축

체제를 논의하면서 주한미군의 '장기적 주둔'을 전제하는 것이 과연 현실성이 있는지를 진지하게 따져보아야 할 때이다. 일부 전문가들은 '주한미군의 지위와 성격 변경(평화유지군)'에 의한 주한미군 존속의 가능성을 언급하는 경향을 자주 보이는데 이것은 북한과 중국의 동의가 있어야만 가능하다.

참여연대 평화군축센터가 발간한 『시민이 제안하는 한반도 평화체제』(참여연대 보고서 제2011-22호, 2011년 11월 23일)에서 설명한 한반도 평화체제의 의미는 공감되는 바가 있다. 한반도 평화체제는 첫째로, 한반도에 지속가능한 평화를 제도화시켜 한반도 주민의 삶의 질을 향상시킬 수 있는 구조를 만드는 것이다.

둘째로, 정전상태를 종식시키고, 한반도와 인근에서의 무장충돌 가능성을 예방하며, 관련 당사국 간의 적대관계를 청산하고 우호관계를 수립하는 것이다.

셋째로, 한반도 주민 간 대화와 이해, 화해와 협력에서 출발하며, 한반도 주민이 참여하고 주도하는 평화통일을 추구하는 것이다.

넷째로, 한반도 주민은 물론 그 주변 주민들이 평화롭고 안전한 삶을 향유하는 구조를 지향함으로써 동북아와 세계 주민들의 평화와 안전에 이바지하는 것이다.

다섯째로, 여러 집단과 개인들 간의 갈등을 예방하고 존재하는 갈등을 평화적으로 해결하는 제도와 습관을 만들어 평화문화를 정착시키는 것이다.

여섯째로, 제반의 안보정책을 구상·결정·집행하는 과정에서 시민의 적극적인 역할을 보장하는 것이다.

2. 평화협정에는 누가 서명해야 하나?

한반도 평화협정을 체결한다면 그 당사자는 누구인가? 이 문제는 간단하면서도 복잡하다. 우선 정전협정의 체결 당사자는 북한, 미국, 중국 3국이었다. 한국의 이승만 정권이 정전협정 체결에 반대하여 불참하였고 협정에 서명하지 않았기 때문이다. 그렇다고 해서 한반도 평화협정의 체결에 한국이 빠진다면 그 실효성은 의문시 되지 않을 수 없다.

중국의 경우는 정전협정 체결의 당사자이기는 해도 1958년 9월에 '중국인민지원군'이 북한에서 완전히 철수하였고, 그 뒤에는 한반도에서의 군사적 이해관계가 없다는 점을 감안하여 평화협정 체결의 당사자로 인정할 필요는 없다는 견해도 있다.

한반도의 지정학적 특수성을 감안하여 일본과 러시아도 평화협정에 참여해야 한다는 주장도 일각에서 꾸준히 제기되어왔다. 그런가 하면 남북한과 미국 3자가 평화협정을 체결하고 중국, 러시아, 일본이 이를 후견하는 별도의 동북아 평화협정을 체결하는 방법을 제안하는 경우도 있다.

이런 점을 감안하면서 그동안 평화협정에 관한 각종 제안에서 당사자 문제가 어떻게 취급되어왔는지를 살펴보기로 한다. 북한은 김일성 주석이 1984년에 3자회담(남북한과 미국)을 제안할 당시에 한국을 당사자로 인정한 적이 있지만 그 뒤에는 줄곧 한국을 배제해왔다. 그러던 북한이 1996년에 '잠정 평화협정'이라는 이름으로 남북한과 미국의 3자 평화협정을 제안하였다.

북한이 오랫동안 '북·미 평화협정'을 주장해온 이유는 분명하다. 평화협정에 포함될 상호불가침과 적대행위 금지, 분쟁의 평화적 해결 등에 대하여 미국으로부터 문서로 보장받고자 하였기 때문이다. 이 내용들을 북·미수교를 통해 보장받을 수 있다고 판단한 북한은 북·미수교를 목표로 삼고 있으며 9·19공동성명에 북·미수교를 포함시킨 것도 이 때문이었다.[10]

미국은 한반도 평화협정의 핵심 당사자는 남북한이고 미국과 중국이 중요한 역할을 수행해야 한다는 생각을 갖고 있다. 미국은

---

10) 조성렬, 「한반도 평화체제 구상과 주변국 관계」, 『국제문제연구』 제6권 제3호(통권 23호, 2006년 가을, 국제문제조사연구소), 106~107쪽. 조성렬 박사는 "북·미수교가 한미동맹 관계에 영향을 미칠 수 있다. 그렇기 때문에 북·미수교가 한미동맹에 영향을 미치지 않는다는 의미에서, '북·미 수교협정'이 3국과의 조약, 협정에는 영향을 미치지 않는다는 단서조항을 붙이는 것이 바람직하다"고 주장한다(107쪽). 그의 이러한 주장은 북·미수교 이후의 '한미동맹의 존속'을 주장하는 보수적 견해와 다를 바 없다.

4자회담(1997년 12월~1999년 8월) 과정에서 북·미 평화협정을 받아들일 수 없고 남북한과 미국, 중국이 참가하는 '4자 협정'을 기본협정(umbrella agreement)으로 하고 '남북 양자협정'과 '북·미 양자협정'을 부속협정으로 하여 서로 맞물린 평화협정의 구조를 고려할 수 있다는 입장을 보였다.

미국은 2차 북핵문제로 소집된 6자회담에서 북한이 안전보장조치로 '북·미 평화협정' '북·미 불가침조약'을 요구했음에도 불구하고 핵문제의 우선 해결을 내세우며 평화협정 논의를 거부하였다. 다만 미국은 2005년 제4차 6자회담에서는 '북핵 해결'과 '북·미수교'를 연계시키는 구상을 내놓으며 다소 유연한 자세를 보였다. 미국의 기본 입장이 바뀐 것으로 볼 수는 없으나 9·19공동성명 이후 한반도 평화체제 문제를 북핵문제, 북·미수교와 연계시키는 구상을 발전시켜온 것만은 사실이다.

미국은 6자회담에서 북핵문제의 일정한 진전이 있어야 평화협정 문제를 논의할 수 있다는 입장을 견지하다가 6자회담과 '병행'하여 평화협정 문제를 논의할 '별도 포럼'을 개최할 수 있다는 입장으로 전환하였다. 그러나 이것 역시 실행에 옮겨지지는 않았다. 정전협정의 당사국인 중국은 한반도에서 새로운 평화체제가 만들어지기 전에는 정전체제의 유지와 자국의 영향력 유지를 바라고 있다. 중국은 1995년 12월에 북한의 요구에 의해 판문점 군사정전위원회 중국대표단을 철수시키지 않을 수 없었다. 중국은 자발적인 '소환' 형식을 취함으로써 자국이 정전협정에 따른 법적 권리를 상실했다고 생각하지 않고 있다.

중국의 이러한 입장은 남북한과 미국, 중국이 참여한 4자회담에서 확인되었다. 중국은 4자회담에서 평화협정이 정전협정을 대체하는 것인 만큼 중국이 정전협정의 당사국이라는 사실이 고려되어야 한다는 입장을 보였다.

중국은 평화협정에 ①전쟁상태의 종식 선언 ②상호관계를 규율하는 제 원칙의 선언 ③무력불사용, 분쟁의 평화적 해결 ④남북한 평화공존, 북·미관계 정상화 ⑤군사적 신뢰구축 및 군축 추진 ⑥각 분야별 교류협력 추진 ⑦유엔사령부 해체 등을 담아야 한다고 주장하였다. 중국은 또 정치, 경제, 군사 분야의 포괄적인 긴장완화를 추진하되 평화협정 체결 이후 남북한과 미국 등 관련국들이 협의하여 주한미군 문제를 해결할 필요가 있다는 입장을 보였다.11)

중국은 주한미군 문제 해결의 당사자에 북한을 포함시킴으로써 북한의 정책의지에 의해 주한미군이 철수하기를 원하며, 자신이 민감한 사안에 직접 뛰어들지는 않겠다는 태도를 취하고 있다.

---

11) 조성렬, 위의 논문(2006년), 93~94쪽. 조성렬 박사는 북한이 1984년에 3자회담을 주장할 때부터 중국을 배제하려고 했던 사실에 주목하면서 중국을 한반도 평화체제 논의에서 배제시킬 경우 몇 가지 어려운 점이 있다고 지적한다. 첫째, 북한과 미국만으로 정전협정의 실효(失效)를 선언할 수 있는지의 국제법적인 검토가 필요하다는 것이다. 둘째, 한반도 평화체제 구축이 비핵화나 냉전구조의 해체과정과 불가분의 관계인데 이에 필요한 중국의 협력을 끌어내기 어려울 수 있다는 것이다. 셋째, 남북한이 평화협정 서명 당사자가 되더라도 이를 뒷받침할 국제적 보증이 필요하며 미국뿐 아니라 중국도 이에 적절한 역할을 할 수 있다는 것이다(96~97쪽).

한국은 한반도 평화협정에서 남북한이 당사자가 되고 미국과 중국이 이를 보장하는 이른바 '2+2 형식'을 주장해왔다. 이에 반해, 북한은 북·미 양자가 주체가 되는 평화협정을 희망했다. 북한은 한국과는 불가침 합의를 하면 된다고 생각하는 것이다. 북한이 이러한 태도를 보이는 것은 한국전쟁과 정전협정, 그리고 평화협정에 이르기까지 실제 당사자는 북한과 미국이라는 인식에서 비롯된 것이다.

그러나 평화협정이 현재의 정전상태를 종식시킬 뿐 아니라 미래에 발생가능한 군사적 충돌, 적대상태를 방지하는 것, 다시 말해 평화체제의 구축을 목적으로 한다는 점에서 볼 때 한국은 핵심 당사자가 되지 않을 수 없다. 만일 한반도에서 평화가 깨어진다면 교전 당사자는 남북한이고 개입 가능성이 높은 국가는 미국과 중국이다. 이 때문에 남북한이 당사자 원칙에 따라 평화협정에 서명하고 미국과 중국이 남북 평화협정의 국제적 보장자로써 함께 서명하면 된다는 것이 일부 전문가들의 견해이다. 평화협정의 체결에서 남북한 당사자 원칙과 국제주의(주변국의 역할)의 조화가 중요하다는 식의 논리이다.

북한의 3자회담 제안, 4자회담에서의 평화체제 구축 논의, 9·19 공동성명, '2·13합의'에서 별도의 평화포럼 개최 합의 등을 감안할 때 평화협정 체결의 당사자는 남북한, 국제적 보장자는 미국과 중국으로 합의하는 것이 어렵지 않을 수 있다. 다만 문제가 되는 것은 미국의 지위와 역할 문제이다. 미국이 국제적 보장자로 한발 물러섬으로써 한반도 평화체제의 책임 있는 당사자로서의 지위를 회피하게 되기 때문이다.

미국은 한미동맹 구조 하에서 주한미군을 주둔시킬 뿐 아니라 한국군대에 대한 작전통제권(전시, 평시)을 행사하고 있고 이것은 한국의 평화협정 당사자로서의 지위와 역할을 명백히 제한시키고 있다. 이 때문에 북한은 미국과의 직접 협상을 통하지 않고서는, 미국과의 평화협정 체결과 북·미수교 없이는 한반도 평화체제는 공염불에 지나지 않는다고 생각한다.

한국 정부와 학계 및 시민사회에서는 9·19공동성명, '2·13합의'에서 한반도 평화체제를 논의하는 별도 포럼을 구성한다고 합의하기 전까지는 남북한이 당사자로 협정을 체결하고 미국과 중국은 이를 '보장'하면 된다는 주장이 우세하였다. 이것은 한국의 독재정권 시기에 북한이 미국을 평화협정의 대상에 포함시켜야 한다고 주장하는 것에 반박하기 위해 남북 당사자주의를 내세웠고, 이를 노태우, 김영삼 정부와 김대중, 노무현 정부가 유지해온 데 따른 것이다. 북한이 남북한 평화협정을 제안했던 시기에 한국과 미국이 이를 반대했던 것은 주한미군 철수가 조건으로 부각되는 것을 경계했기 때문이다.

북한은 박정희 정권이 1972년 7·4 남북공동성명을 '10월유신'으로 뒤집어버린 이후에 평화협정의 대상을 한국에서 미국으로 전환하였다. 이 시기부터 한국사회에서는 북한의 평화협정 논의가 '한국 배제'에 있다고 주장하면서 평화협정의 당사자는 미국이 아닌 남북한으로 제한하고 미국과 중국 등은 국제적 보장자로 나서면 된다는 '2+2 논리'에 빠져들었다.

이상에서 살펴본 대로 평화협정 체결의 당사자 문제는 관련 당사국들이 자신의 지위와 역할에 대한 판단에 따라 변화를 거듭해왔다. 그러나 평화협정의 체결 당사자를 고려할 때 적어도 세 가지 기준, 즉 ①한국전쟁의 실질적인 교전당사자 ②한반도에서 직접적인 군사적 대치상황에 있고 무력충돌의 위험이 있는 당사자 ③한반도에서의 항구적인 평화정착을 위해 실질적인 조치를 취할 의무가 있는 당사자 등을 적용하는 것이 바람직하고, 이렇게 보면 평화협정의 당사자를 남북한과 미국, 중국 등 4개국으로 하는 것이 현실적이다. 4개국이 참여하는 '한반도 평화협정'이 형식과 내용에서 타당하다는 논리에 대해서는 이삼성 교수가 몇 가지 측면으로 정리한 바 있다.[12]

첫째로, 한국전쟁의 당사자는 남북한과 미국 및 중국 네 나라이다. 한국은 정전협정에 서명을 거부하였지만 내용상으로는 미국이 한국 몫까지 함께 서명한 꼴이었다.

둘째로, 미국과 중국은 과거 전쟁의 당사자일 뿐 아니라 현재도, 그리고 앞으로 예측 가능한 먼 미래에까지도 한반도의 전쟁과 평화에 구조적인 이해관계와 결정력을 가진 세력들이다.

---

12) 이삼성, 「한반도 평화체제 구축에서 평화조약(평화협정)의 역할과 숙제」, 『한반도 평화협정 체결 전망과 과제』(평화통일연구소 제2차 한반도 평화체제 토론회, 2007.5.9.), 12-13쪽.

셋째로, 남북한이 당사자가 되는 것이 자주적이라는 남북 당사자 논리는 실제로는 가장 비자주적인 주장이다. 한반도 평화체제 구축과정에서 미국과 중국을 책임 있는 당사자로서 그들의 핵전략, 군사전략, 남북한 각자의 주권 인정 등 대한반도 정책의 여러 측면들을 전환시키도록 책임 있는 약속을 받아내고 법적 구속력을 가진 협정으로 제도화해내는 것이야말로 남북한이 전개해야 할 자주적인 외교의 핵심 부분이다.

넷째로, 남북한만이 평화협정 당사자가 되고 미국과 중국은 '보장'만 하면 된다는 논리는 한반도에서 국제법적으로 평화 지향의 의무들을 지우는 대상에 남북한만 포함시키는 것이다.

다섯째로, 미국과 중국은 보장만 한다는 발상은 유엔과 같은 보편적인 집단안전보장(collective security) 개념이 국제적 규범으로 정립되기 이전에 존재할 수 있었던 '강대국 보장'이라는 사고의 잔재라 할 수 있다.

여섯째로, 미국이 자국의 이해관계가 깊이 얽힌 지역에서 제3국들의 평화협정에 서명하는 경우가 있지만, 그것은 그 협정의 이행을 '보장'하는 감독자로서 서명하는 것이 아니고 단지 '증인'(witness)으로서 서명할 뿐이다.

일곱째로, 남북이 당사자가 되고 미·중은 보장만 하면 된다는 이 사고방식을 정당화하는 논리는 미국과 중국이 할 일이 특별히 없고 주로 남북한이 할 일들 뿐이라는 생각이 그것이다.

이런 점들을 모두 고려해볼 때 한반도 평화협정은 남북한과 미국, 중국이 함께 하는 4국 간 조약 내지는 협정이 될 수밖에 없을 것이다.

실제로 10·4선언에서도 남과 북은 '3자, 또는 4자'에 합의했다. 2006년 11월 18일 베트남 하노이에서 열린 한·미 정상회담에서 조지 부시 미 대통령은 북한의 핵 폐기 후 체제보장 문제와 관련해 한국·미국·북한 3국이 '종전협정'(종전선언)에 서명하는 방안을 언급하였고, 한국과 북한도 이에 동의하였다. 이를 통해 종전선언→평화협정→평화체제 구축이라는 한반도 평화체제프로세스가 잠정적으로 마련되었고, 평화협정의 당사국도 '3자 또는 4자'로 합의되었다. 2007년 10월 제2차 남북정상회담 합의인 10·4선언에도 "3자 또는 4자 정상들이 한반도 지역에서 만나 종전을 선언하는 문제를 추진하기 위해 협력해 나가기로 했다"는 합의내용이 담겼다. 여기서 3자는 남과 북, 미국을, 4자는 남·북과 미국, 중국을 의미한다. 1953년 정전협정의 서명 당사자인 북한과 미국, 중국에 남한까지 포함하는 구도이다.

이러한 프로세스는 북한의 전략적 선택과 압박에 미국이 호응하면서 구체화된 것이다. 북한은 2000년 10월 12일 '조·미공동코뮈니케'를 통해 정전협정 체결당사자인 북한과 미국이 '평화보장체계'를 체결해야 한다는 기존의 주장에서 벗어나 북·미협의가 보장되는 가운데 미국이 주장하는 다자방식의 평화협상에 동의했다. 북한의 이 같은 입장 변화는 2000년 6월 남북정상회담 개최 등 남북관계가 급진전된 상황을 고려한 것이다.

3. 종전선언과 평화협정

평화협정의 체결과 관련하여 '종전선언'이 필요하다는 인식이 널려 퍼져있다. 부시 대통령이 2006년에 '종전선언'의 가능성을 언급한 바 있고, 남북한도 2007년 10월 정상회담에서 '종전선언'의 추진 의지를 공동으로 밝힌 바 있기 때문이다.

부시 대통령이 2006년과 2007년에 고려했던 것은 한국전쟁의 종전선언 또는 종전선언 문서의 서명을 위한 회담이었다. 한국전쟁에 참여한 4개국 정상들이 전쟁이 끝났음을 공식적으로 선언함으로써 평화협정 협상과정을 개시하고 북·미관계의 정상화 과정에 들어갈 수 있다는 것이었다.

10·4선언 제4항은 "남과 북은 현 정전체제를 종식시키고 항구적인 평화체제를 구축해 나가야 한다는데 인식을 같이하고 직접 관련된 3자 또는 4자 정상들이 한반도지역에서 만나 종전을 선언하는 문제를 추진하기 위해 협력해 나가기로 하였다"는 내용을

담고 있다. 10·4선언에는 종전선언과 평화협정의 관계가 명확히 설정되지는 않은 채 3자(남북한과 미국) 또는 4자(남북한과 미국, 중국) 정상들이 '종전선언'을 하는 구상이 담겨 있다.

이 때문에 종전선언에 대하여 평화협정 체결의 추동력을 부여하기 위한 사전단계로 보는 '입구(入口)론'을 주장하는 견해가 우세하다. 노무현 정부는 북핵 불능화→종전선언→핵폐기 협상 완료→평화협정 체결 및 북·미수교로 나아가는 구도를 구상했던 것으로 보인다. 다만 노무현 정부 안에서도 종전선언과 평화협정의 순서에 대한 혼란이 나타나기도 하였다. 백종천 청와대 통일외교안보정책실장은 종전선언이 선행될 것으로 예상한 데 비하여, 송민순 외교통상부 장관은 종전선언이 평화협정과 분리될 수 없고 평화협정 협상의 마무리 단계에서나 가능하다는 '출구(出口)론'의 입장을 보였던 것이다.

종전선언과 평화협정은 서로 맞물려 있는 사안인 것은 분명하지만 그 순서가 정해져 있는 것은 아니다. 양자의 선후차가 고정불변인 것은 아니라는 뜻이다. 전쟁 당사국 간에 평화협정을 체결할 때 그 협정문에 종전선언의 내용이 담길 수는 있지만 반드시 포함되어야 한다는 법칙이 있는 것은 아니다. 다만 4개국 정상회담이 열려 종전선언을 하게 된다면 평화협정의 체결과정을 가속화시킬 것이라는 점에서 종전선언의 우선적 추진이 좋은 방안이 될 수 있다.

한편으로 4개국 정상회담이 개최되더라도 그 정치적 부담을 줄이기 위해 공동보도문에서 평화협정 체결을 위한 4자회담(협상)에 들어간다는 정도로 발표될 수도 있다. 이럴 경우 평화협정 체결을 위한 4자회담에서 상당한 진전이 이뤄진 뒤에 4개국 정상회담이 다시 열려 종전선언을 할 수도 있고, 아예 4개국 정상회담에서 평화협정을 체결할 때 그 내용 안에 종전선언을 포함시킬 수도 있다.

여기서 중요한 점은 북·미 간의 적대관계 청산은 '전인미답의 길'을 걷는 것이기 때문에 현실적으로 얼마든지 탄력적인 방안을 찾을 수 있을 것이고, 그 전제는 미국의 대북 적대시정책에 근본적인 변화가 먼저 있어야 한다는 것이다. 남북한과 미국, 중국의 4개국 정상회담은 북·미 간의 적대관계 청산이라는 밑그림 없이는 별다른 진척을 보이지 못할 것이다.

4개국 정상회담에서 전쟁 종식과 상호불가침을 선언하고 나면 평화협정에 포함될 경계선 획정, 유엔사령부 폐지, 적대적 제도나 법률 폐지, 평화협정 관리기구의 창설 등은 협상의 내용으로 남게 될 것이다. 특히 남북 간의 군사적 신뢰구축과 군비통제의 과제가 남게 된다.

이렇게 보면 한국전쟁의 종전선언을 위한 4개국 정상회담, 한반도 평화체제의 기반을 다지기 위한 남북정상회담, 한반도 평화협정의 체결을 위한 4개국 정상회담이 순차적으로 개최될 수도 있다. 다만 분명한 것은 종전선언이 정치적 신사협정에 불과하므로 북·미 간의 정전체제를 평화체제로 전환하려면 법적 구속력을 가진 평화협정(조약)의 체결과 각국의 헌법 절차에 따른 비준이 반드시 필요하다. 이러한 점을 고려한다면 미국의 대북 적대시정책의 포기라는 전제(진정성) 없이는 종전선언도 평화협정 체결도 진전되지 않을 것이라는 점은 분명하다.

제3장　어떤 평화체제여야 하나

"'연합연방제'에 의한 통일국가는 지정학과 지경학의 측면에서 언젠가 숙명처럼 다가올 수 있는 미·중 분쟁에 휩쓸리지 않도록 자주역량을 발휘하여야 한다. 통일국가는 '영세중립'과 '탈동맹'의 대외노선에 입각하여 주변국들과 자주와 평화, 친선과 협력을 확대하는 대외정책을 일관되게 전개하여야 한다."

1. 과거의 평화체제 논의는 왜 실패했나

한반도에서 평화체제를 만들기 위한 첫 시도는 제네바정치회담 개최였다. 제네바정치회담은 정전협정 제60항에 따라 1954년 4월 26일에서 6월 15일까지 남과 북, 유엔참전국 15개국, 그리고 중국 및 소련 등이 참가한 가운데 열렸다. 그러나 이 회담에서 한반도에서의 유엔의 권위 인정 및 외국군대 철수 문제 등에 대해 합의하지 못함으로써 첫 평화시도는 실패로 끝났다. 이후 관련국들은 후속 정치회담을 성사시키지 못하였고 한반도 문제는 여전히 미해결 상태로 남게 되었다.

특히 제네바 정치회담에서는 주로 외국군대 철수문제가 논의되는 바람에 한반도문제의 평화적 해결을 위한 평화협정 체결문제는 제대로 논의조차 되지 못했다. 회담 마지막 날인 6월 15일 남일 외무상은 남북한 대표가 위원회를 구성하여 평화협정 체결을 논의하자고 제의하였다. 하지만 회담이 곧바로 종결되는 바람에 이 주제는 논의가 이루어지지 못하였다.

제네바 정치회담은 군사기관끼리 논의되고 합의된 군사정전협정이 정부 대표 간의 회의로 전환되었다는 점, 남북한 대표가 처음으로 동석하여 상대방의 존재를 인정하고 서로의 통일방안을 제시하고 논의하는 자리였다는 점, 군사정전협정을 항구적인 평화협정으로 전환하기 위한 첫 번째 시도였다는 점13)에서는 의미가 있었지만 성과는 초라했다.

세계 차원의 냉전이 해체되면서 남북한 간에도 한반도의 군사적 긴장완화를 위한 대화가 활발히 이루어졌다. 정원식 국무총리와 연형묵 정무원총리를 대표로 하는 남북고위급회담이 열려 1990년 9월부터 1991년 10월까지 네 차례의 회담 끝에 5차 남북고위급회담에서 '남북기본합의서'가 채택되었다. 남북화해, 남북불가침, 교류·협력의 3개장으로 구성된 남북기본합의서는 평화공존 시기의 남북관계를 규정하는 문서였다. 특히 평화협정 체결에 필요한 사항과 남북 간 군비통제와 관련된 중요한 내용이 모두 담겨 있다.

첫째, 평화협정 체결에 필요한 사항으로 '불가침경계선과 구역'을 확정짓는 일이다. 남북기본합의서 제2장 제11조와 불가침 부속합의서 제3장 제10조에서 군사정전협정에서 규정하지 못했던 해상경계선 및 구역에 관한 항목이 들어 있다. 여기서 해상불가침구

---

13) 조성렬, 「한반도 비핵화와 평화협정의 연계 배경과 전망: 북핵문제의 포괄적 해법을 위한 시사점」, 북한연구학회 춘계학술회의 발표논문, 2010.4.9.

역을 "쌍방이 지금까지 관할해 온 구역"으로 하지만, 해상불가침 경계선은 계속 협의하기로 함으로써 서해 NLL문제가 미결사항이라는 점을 확인하였다.

〈표 10〉 한국전쟁 이후 남북한의 평화체제 관련 제의

연대	남한	북한
'50년대		• 남북 간 평화협정 제의 - '54. 6. 15 북한 외무성 남일, 제네바 정치회의 최종 회의
'60년대		• 주한미군 철수를 전제로 한 남북 평화협정 제의 - '62. 10. 23 최고인민회의 제3기 제1차 회의 김일성 연설 - '69. 10. 8 북한정부 비망록
'70년대	• 남북 불가침협정 체결 제의 - '74. 6. 18 박정희 대통령 연두기자회견 • 정전협정 효력 유지를 조건으로 UNC 해체 동의 표명 - '75. 10. 21 김동조 외무부장관 제30차 UN총회 정치위원회 연설 • 남북한 당사자해결 원칙에 입각한 정전협정 대체방안 모색 용의 표명 - '76. 5. 13 박동진 외무부장관 성명 • 남북한 및 미국이 참여하는 3당국회담 제의 - '79. 7. 1 한·미 정상회담 공동성명	• 주한미군 철수를 전제로 한 남북 평화협정 제의 - '70. 6. 22 북한정부 비망록 - '73. 4. 15 최고인민회의 제5기 제2차 회의 김일 보고 • 북·미 평화협정 체결 - '74. 3. 25 최고인민회의 제5기 제3차 회의 채택 대미 서한 - '79. 7. 10 외교부 대변인 성명
'80년대	• 남북한 기본관계에 대한 잠정협정(정전협정 유지 아래 군비경쟁 지양 및 군사 대치상태 해소) 제안 - '82. 1. 22 전두환 대통령 • 정전협정을 항구적 평화체제로 대체 용의 표명 - '88. 10. 18 노태우 대통령 제43차 UN총회 연설	• 북·미 평화협정 체결 및 남북 불가침선언 동시체결을 위한 3자회담 제의 - '84. 1. 10 중앙인민위원회·최고인민회의 연합회의 - '86. 1. 1 김일성 신년사 - '88. 11. 7 중앙인민위원회·최고인민위원회 상설회의·정무원 연합회의 '포괄적 평화방안' 제의

	• 남북 평화협정 체결 제의 - '90. 8. 15 노태우 대통령 광복절 45주년 경축사 - '91. 7. 12 노태우 대통령 평통자문회의 제5기 출범식 개회사	• 북·미 평화협정 체결 제의 - '91.1.1 김일성 신년사
'90년대	• '92. 2. 19 「남북기본합의서」 5조 - "남과 북은 현 정전상태를 남북 사이의 공고한 평화상태로 전환시키기 위하여 공동으로 노력하며, 이러한 평화상태가 이룩될 때가지 현 군사정전협정을 준수한다"고 합의	
'90년대	• ▲당사자해결 ▲남북합의서 존중 ▲관련국의 협조와 뒷받침 등 한반도 평화체제 구축을 위한 3원칙 제시 - '95. 8. 15 김영삼 대통령 광복절 50주년 경축사 • 정전체제의 남북 간 평화체제로의 전환을 한반도 냉전구조 해체의 과제로 제시 - '99. 5. 5 김대중 대통령 CNN 회견	• 새로운 평화보장체계 수립을 위한 북·미 협상 제의 - '94. 4. 28 외교부 성명 • 대미 잠정협정 제의 - '96. 2. 22 외교부 대변인 담화문 • 비무장지대(DMZ) 불인정 - '96. 4. 4 북한군 판문점대표부 대변인 담화문
2000년대	•당면목표는 통일보다는 냉전종식과 평화 정착 - '00. 3. 9 김대중 대통령 베를린선언 • 한반도평화의 제도적 정착 - '03. 2. 25 노무현 대통령 취임사 • 북핵 해결과정이 평화체제 수립에 중요한 기초 - '05. 11. 17 한·미 정상 공동선언	• 미국의 핵 불사용 확약 등 북·미 불가침 조약 제의 - '02. 10. 25 외무부 대변인 담화문 • 불가침조약을 위한 북·미 직접대화 촉구 - '04. 4. 30 UN특별위원회 회의 북측대표 연설 • 평화체제 수립은 한반도 비핵화를 위한 필수 노정 주장 - '05. 7. 22 외무성 대변인 담화문
2000년대	• '07. 10. 4 「10·4정상선언」 - "현 냉전체제의 종식과 평화체제 구축을 위해 3자 또는 4자 정상들이 한반도 지역에서 만나 종전을 선언하는 문제를 추진하기 위해 협력"하기로 약속	
2000년대	• 천안함 등 사과하고 실질적 비핵화 조치를 취한다면 서울 핵안보정상회의에 초청하고 평화협정 체결 용의 - '11. 5. 11 이명박 대통령 베를린 제안	• PSI 전면참여는 선전포고, 정전협정 구속력 상실 - '09. 5. 27 북한군 판문점대표부 성명 • "정전협정을 평화협정으로 바꾸기 위한 회담을 조속히 시작할 것을 정전협정 당사국들에 정중히 제의" - '10. 1. 11 외무성 성명 • 6자회담 복귀와 평화협정의 동시 논의 - '10. 1. 18. 외무성 대변인 담화

〈출처〉 조성렬, 『뉴한반도비전』, 170쪽

둘째, 군사적 신뢰구축조치와 군비통제에 필요한 의제들이다. 남북기본합의서 제2장 제12조에 군사적 신뢰구축과 단계적 군축을 실현하기 위한 내용들이 담겨 있다.

셋째, 평화체제 구축이나 군비통제 양측에 해당되는 사항으로 ▲무력불사용, ▲분쟁의 평화적 해결 등의 원칙을 표명한 것과 군비통제의 지속적인 협의·추진 혹은 평화관리 기구의 성격을 가진 남북군사공동위원회를 설치키로 한 것 등을 들 수 있다.

이런 측면에서 남북고위급회담에서 채택된 남북기본합의서와 불가침 부속합의서는 남북한이 합의한 최초의 군비통제 협정의 성격을 띠고 있을 뿐만 아니라, 한반도의 평화관리를 규정한 포괄적 성격의 잠정협정으로 된다.

그러나 유감스럽게도 남북기본합의서는 실천으로 이어지지 못했다. 여기에는 대외적인 요인과 대내적인 요인이 맞물려 있다. 우선 대외적으로는 남북관계가 진전되려면 북·미관계 개선이 병행되어야 했다. 그러나 소련과 중국이 한국과 수교하고, 남과 북이 유엔에 공동 가입했으나 미국은 북측과의 관계 개선에 나서지 않았다. 그러자 북한은 1992년 초 미국에 김용순 비서를 특사로 보내 관계개선을 위한 북·미고위급회담을 제의했다. 국제핵사찰 수용을 통보하고, 미국이 가장 중시하는 미군의 남쪽 주둔에도 반대하지 않는다는 입장도 전했다. 그러나 미국은 북측의 관계개선 요구를 받아들이지 않고 적대적 봉쇄정책을 계속했다.

공산권 붕괴로 생존 위기에 처한 북한은 미국의 안보위협에 대한 억제용으로, 또한 미국과의 관계정상화를 이룩하기 위한 협상용으로 핵개발을 감행하게 된다. 임동원 전 통일부장관은 "만일 이때 미국이 한반도에서도 냉전을 종식시키기 위해 북측과의 관계개선을 추진했더라면 북핵문제는 원천적으로 해결되고, 한반도 평화프로세스도 추진될 수 있었을 것"이라고 평가했다.14) 미국이 잘못된 선택을 한 것이다. 미국은 1905년 가쓰라-태프트 밀약으로 조선을 일본의 영향권에 넘겨주었고, 1945년에는 한반도를 38도선으로 분할한데 이어 우리 민족에게 세 번째의 고통을 안겨주게 된 것이다.

대내적으로 김영삼 정부는 "핵무기 가진 자와는 악수할 수 없다"며 핵 연계전략을 채택했다. 북한이 핵무기를 가진 것이 아니라 핵 개발 활동을 시작하려는 초기단계에서 과잉 반응한 것이다. 그리고 김일성 주석 사망에 이어 연속적인 자연재해로 북측이 위기에 봉착하자 김영삼 대통령은 "북은 고장난 비행기와 같아서 언제 떨어질지 모른다"며 붕괴임박론에 입각한 대북정책으로 기울어지며 남북관계는 최악의 상황으로 냉각됐다.

임동원 전 장관의 회고대로 김영삼 정부가 남북관계를 핵문제에 종속시키는 연계전략이 아니라 병행전략으로 남북기본합의서를 이행했다면 남북관계를 개선할 수 있었을 뿐 아니라 클린턴 행정부와의 정책공조로 한반도 평화프로세스를 시작할 수도 있었을

---

14) 임동원, 〈남북관계 20년, 4가지 교훈을 얻다-'통일지향적 평화체제' 구축이 당면 과제〉, 《민족21》 2012년 7월호.

것이다.

반면 새로 출범한 클린턴 행정부는 북이 핵 활동을 전면 중단하는 데 상응하여 미·북관계를 개선하고, 경수로형 원자력발전소 건설 제공과 중유 공급 등에 합의하는, 주고 받기식의 북·미기본합의(1994.10, 제네바)를 채택했다. 이 합의는 부시 행정부가 파기할 때까지 8년간 준수·이행되었다. 하지만 김영삼 정부는 전환의 기회를 인식하지 못하고 역사의 흐름에 역행하여 소중한 5년을 잃어버렸다.

1998년에 집권한 김대중 정부는 남북합의서를 되살리려고 했다. 화해와 협력을 통해 북의 변화 여건과 환경을 조성해 한반도 평화를 실현하려는 화해협력정책(햇볕정책)을 추진한 것이다. 특히 김대중 정부는 한반도 문제가 민족 내부문제인 동시에 미국이 깊이 개입된 국제문제라는 이중적 성격임을 중시해, 클린턴 행정부를 설득하고 정책 공조를 통해 한반도 냉전구조를 해체하기 위한 노력을 경주했다. 북의 핵이나 미사일문제는 북·미간 적대관계의 산물로서 표피적인 접근으로는 해결될 수 없으며, 냉전구조 해체라는 근본적이고도 포괄적인 접근으로 평화프로세스를 통해 해결해 나가야 한다고 설득한 것이다.

한반도의 냉전체제를 근본적으로 해체하기 위해 미국, 일본, 한국이 북과의 적대관계를 해소하고 관계를 정상화하는 한편 정전체제를 평화체제로 전환하여 한반도의 평화를 보장하면서 대량살상무기문제도 해결해 나가야 한다는 것이다. 그 결과 클린턴 행정부는 한국의 제의를 수용하여, 한·미·일 3국 공조로 냉전구조 해체를 위한 근본적이고도 포괄적인 포용정책을 통해 한반도 평화프로세스를 추진하였다.

클린턴 행정부는 북핵 폐기와 북·미관계 정상화를 약속하는 제네바 북·미기본합의를 채택하여 핵 활동을 동결시킨 데 이어 미사일협상에서도 진전을 이뤘다. 이러한 상황을 배경으로 역사적인 남북정상회담이 성사되어 6·15공동선언을 채택하고 화해협력의 새시대를 열 수 있었다.

부시 행정부의 등장과 2002년 제1차 북핵위기로 남북관계와 평화프로세스는 다시 중단될 위험에 처했다. 그러자 북한은 2002년 10월 제2차 핵위기가 시작된 직후부터 '핵 포기'와 '북·미 불가침조약 체결'의 교환을 제의하였다. 더 나아가 북한은 2005년 5월 12일에는 한성렬 UN차석대사의 발언을 통하여 한반도에 군대를 두고 있는 모든 나라(즉 남북한과 미국)가 평화협정을 체결할 것을 제안함으로써 북·미 평화협정에서 물러나 한국을 평화협정의 당사자로 인정하였다.

다만 북한은 제4차 6자회담 1단계 회의 직전인 2005년 7월 22일에 '정전체제의 평화체제로의 이행'이 한반도 비핵화의 전제라고 주장함으로써 평화체제의 구축을 북·미관계 정상화의 선행 단계로 자리매김했다.

마침내 2005년 9월 6자회담 참가국들은 9·19공동성명이라는 역사적 합의에 도달했다. 남북한과 미국, 중국, 일본, 러시아 6개국은 9·19공동성명(2005년 제4차 6자회담 2단계 회의) 제4항에서 "동북아시아의 항구적인 평화와 안정을 위해 공동 노력할 것을 공약"하고, "직접 관련 당사국들은 적절한 포럼에서 한반도의 영구적 평화체제에 관한 협상을 가질 것"에 합의하였다. 이것은 북한의 핵포기 대가로 한반도 평화체제를 구축하여 대북 안전보장을 제도화해 주겠다는 약속이었다.

2005년 9월 19일, 남북한과 미국, 중국, 일본, 러시아 6개국 대표들이 역사적인 '9·19공동성명'에 합의한 직후 기자들 앞에서 포즈를 취하고 있다.

미국의 이전 입장은 북핵문제가 가시적으로 해결될 때 평화체제 논의를 개시하고 북·미관계 정상화 이후 평화협정을 체결한다는 것이었기에 9·19공동성명 제4항은 부시 정부의 '정책 변화'를 의미하는 듯이 보였다. 그러나 미국의 대북강경파들은 9·19공동

성명의 잉크도 마르기 전에 BDA(방코델타아시아은행)의 북한계
좌 동결에 나섬으로써 미국의 '정책 변화'를 기대하는 6자회담 당
사국들에게 찬물을 끼얹었다.

 그러면서도 미국은 2005년 11월 17일 경주에서 열린 한·미 정
상회담에서 "평화체제에 관한 협상과 6자회담이 상호 보강하기를
기대한다"고 밝혔다. 부시 정부는 해를 넘겨 2006년 5월에 라이스
국무장관의 자문관인 젤리코의 보고서(Zellikow Report)[15]에서 6
자회담과 한반도 평화체제를 논의할 별도의 포럼을 병행 추진할
가능성을 제기하였다.

 이 시기에 부시 정부는 그 배경이야 어떻든 간에 북한에 대한
'선 핵포기, 후 수교' 방침에서 '핵포기와 수교·평화체제 병행 협
의' 방침으로 변화할 의사가 있는 듯하였다. 부시 정부가 BDA계
좌 동결 등 방어적 조치를 취하는 동시에 평화체제와 핵문제의 병

---

15) 젤리코 자문관은 2005년경 새로운 대북 전략구상을 라이스 장관에게 보고하
   고 2006년 초 전략개념보고서를 부시에게도 전달하였다. 유럽에서의 경험과
   유사하게 정전 상황을 영속적인 평화조약으로 바꾸고 한국의 통일을 지원하
   며 동북아의 새로운 평화안전의 다자 틀을 만들고 미국이 강요하는 것이 아
   니라 한국인 스스로가 국익에 따라 한미동맹 유지를 선택하도록 풀어간다는
   구상이었다. 미국은 이러한 발상의 전환을 통해 지역의 안전은 물론 '북핵문
   제'와 '북한문제'를 해결해야 한다는 것이었다. 라이스 외교안보팀은 북핵 폐
   기를 다루는 1개 차로 접근방식으로는 복잡한 북핵문제를 풀 수 없다고 인식
   하고 ①테러지원국 지정 해제 ②에너지, 경제 지원 ③대미관계 정상화 ④평
   화협정 체결 등 북한의 관심사 전반을 핵문제와 연계하여 해결하는 입체적이
   고 광범위한 접근을 추진할 계획을 작성한 것이었다(윤덕민, 「한반도 평화체
   제와 미북관계」, 『주요국제문제분석』(외교안보연구원, 2007.11.2.), 4쪽).

행 해결을 모색하는 이중정책을 채택하게 된 것이다.[16]

부시 대통령은 북한이 2006년 10월에 핵실험을 한 뒤인 11월 18일 하노이에서 열린 한·미 정상회담에서 북한이 핵을 폐기하면 한국전쟁의 종전선언 행사를 위해 김정일 국방위원장과 한 자리에 앉을 수 있다는 용의를 표명하였고, 이에 따라 1년 이상 공전해오던 6자회담이 재개되는 실마리가 풀리기 시작하였다.

김계관 부상과 힐 국무부 차관보가 2007년 1월 중순 베를린에서 세 차례 회담을 가진 뒤에 '2·13합의'(제5차 6자회담 2단계회의)에서 북핵문제 해결을 위한 9·19공동성명의 초기 이행단계, 그리고 직접 관련 당사국들의 한반도 평화체제 구축을 위한 적절한 별도 협상포럼 구성 등이 합의되었다. 북한의 김계관 외상은 2007년 3월초 6자회담 내에 새로 구성된 북·미관계 정상화 실무그룹회담 차원에서 미국을 방문하여 힐 차관보와 9·19공동성명 초기단계 및 이후 단계, 양국관계 개선방안을 논의하는 한편, 한반도 평화체제 구축을 위한 적절한 별도 협상포럼 구성에 거듭 합의하였다.

이어서 부시 대통령은 2007년 9월 시드니에서 열린 한·미 정상회담에서 북한이 '검증 가능한 한반도 비핵화' 과정에 성실성을 보인다면 평화조약 체결을 통한 한반도 평화체제 구축이 가능하다고 밝혔다. 미국이 유엔사령부와 한미연합사령부의 해체, 작전

---

16) 홍현익, 「한반도 평화체제 구축과 한미동맹」, 『세종정책연구』, 제5권 1호 (2009년, 세종연구소), 194-195쪽.

통제권 전환 등을 우려하여 평화체제 논의 자체를 회피해온 데 비하면 다소 놀라운 변화였다.

이런 흐름 하에서 노무현 대통령은 2007년 10월 2일 평양을 방문하여 김정일 국방위원장과 정상회담을 가졌고 남북의 양 정상은 '남북관계 발전과 평화번영을 위한 선언(10·4선언)'을 채택하여 한반도 평화체제 구축에 대한 의지를 확인하였다. 10·4선언(8개항)은 6·15공동선언의 '실천강령'적 성격을 띠고 있고 주목할 내용을 많이 담고 있었다.

10·4선언이 실천적 이행방안을 많이 담고 있지만 그 중에서도 우리의 주목을 끄는 것은 한반도 평화체제의 구축과 관련한 제4항이다.

"현 정전체제를 종식시키고 항구적인 평화체제를 구축해 나가야 한다"는 공동인식을 갖고 있다는 남북한의 합의는 평화체제 구축을 향한 중요한 전진이었다. 지금이라도 10·4선언이 실천에 옮겨진다면 평화체제의 길에 들어설 수 있는 것이다. 특히 "직접 관련된 3자 또는 4자 정상들이 한반도지역에서 만나 종전을 선언하는 문제를 추진하기 위해 협력해 나가기로" 합의한 것도 중요한 의미가 있다. 이것은 미국이 2006년 이래 제안해온 '종전선언'을 북한이 수용한 것이고 남북한과 미국의 3자 혹은 남북한과 미국, 중국 4자 정상회담을 통한 '종전선언'을 상정한 것이다. '종전선언'을 위한 3자 또는 4자 정상회담이 열릴 수만 있다면 평화체제 구축을 향한 대문이 활짝 열릴 것이다.

〈표 11〉 10·4선언의 내용

구분	기본합의	이행방안
제1항	6·15공동선언의 고수와 적극 구현의 의지 확인	▲ 우리민족끼리 정신 ▲ 통일문제의 자주적 해결 ▲ 민족의 존엄과 이익 중시 ▲ 6월 15일 기념방안 강구
제2항	사상과 제도의 차이 초월, 상호존중과 신뢰관계로의 확고한 전환	▲ 내부문제 불간섭 ▲ 남북관계 문제의 화해와 협력, 통일에 부합되는 해결 ▲ 남북관계의 통일 지향적 발전을 위한 법률적·제도적 장치 정비 ▲ 양측 의회 등 각 분야 대화와 접촉의 적극 추진
제3항	군사적 적대관계 종식 및 한반도에서의 긴장완화와 평화 보장을 위한 긴밀한 협력	▲ 적대시 중지, 군사적 긴장 완화, 분쟁문제의 대화와 협상을 통한 해결 ▲ 전쟁 반대 및 불가침의무의 확고한 준수 ▲ 서해에서의 우발적 충돌방지를 위한 공동어로수역 지정, 평화수역으로 만들기 위한 방안과 각종 협력 사업에 대한 군사적 보장조치 문제 등 군사적 신뢰구축 조치를 협의하기 위한 국방장관회담 개최(11월, 평양)
제4항	현 정전체제의 종식과 항구적인 평화체제 구축의 필요성 공동인식	▲ 직접 관련된 3자 또는 4자 정상들이 한반도지역에서 만나 종전을 선언하는 문제를 추진하기 위한 협력 ▲ 한반도 핵문제 해결을 위해 6자회담 9·19공동성명과 2·13합의의 순조로운 이행의 공동 노력
제5항	민족경제의 균형적 발전과 공동의 번영을 위한 경제 협력사업(공리공영과 유무상통의 원칙)의 활성화와 지속적 확대 발전 합의	▲ 경제협력 투자 장려 ▲ 기반시설 확충과 자원개발의 적극 추진 ▲ 각종 우대조건과 특혜의 우선적 부여 ▲ 해주지역과 주변해역을 포괄하는 서해평화협력특별지대 설치 및 공동어로구역과 평화수역 설정, 경제특구 건설과 해주항 활용, 민간선박의 해주직항로 통과, 한강하구 공동이용 등 ▲ 개성공업지구 1단계 건설의 완공 및 2단계 개발 착수, 문산-봉동간 철도화물수송 시작, 통행 통신 통관 문제를 비롯한 제반 제도적 보장조치 완비 ▲ 개성-신의주 철도와 개성-평양 고속도로의 공동 이용을 위한 개보수 문제의 협의·추진 ▲ 안변, 남포 조선협력단지 건설 ▲ 농업, 보건의료, 환경보호 등 여러 분야에서의 협력 사업 진행

제6항	민족의 유구한 역사와 우수한 문화를 빛내기 위한 역사, 언어, 교육, 과학기술, 문화예술, 체육 등 사회문화 분야의 교류와 협력 발전	▲ 백두산관광 실시, 백두산-서울 직항로 개설 ▲ 2008년 북경 올림픽경기대회에 남북응원단의 경의선열차를 이용한 참가
제7항	인도주의 협력사업의 적극 추진	▲ 흩어진 가족과 친척들의 상봉 확대, 영상 편지 교환사업 추진, 금강산면회소 완공에 따라 쌍방 대표의 상주 및 흩어진 가족과 친척의 상봉의 상시적 진행 ▲ 자연재해를 비롯하여 재난이 발생하는 경우 동포애와 인도주의, 상부상조의 원칙에 따라 적극 협력
제8항	국제무대에서 민족 이익과 해외 동포의 권리와 이익을 위한 협력 강화	
기타		▲ 10·4선언의 이행을 위한 남북총리회담 개최 (제1차 회의 11월, 서울) ▲ 정상들이 수시로 만나 현안 문제 협의

　　노무현 대통령과 김정일 국방위원장은 또한 "한반도 핵문제 해결을 위해 6자회담 9·19공동성명과 2·13합의가 순조롭게 이행되도록 공동으로 노력"하는 것에도 합의하였다. 9·19공동성명과 2·13합의에 의한 '한반도 핵문제 해결'에 합의한 것은 북한이 6자회담의 합의사항을 적극 이행하겠다는 의지를 확인한 것이었다.

　　김정은 국방위원회 제1위원장이 김정일 위원장의 '유훈'을 적극적으로 실천하겠다는 정책의지를 갖고 있는 가운데 6·15공동선언과 10·4선언의 실천에 깊은 관심을 표명하고 있는 만큼 박근혜 정권이 6·15공동선언과 10·4선언에 대한 이행 의지를 표명하는 그 순간부터 남북한은 한반도 평화체제를 마련하는 길에 들어서게 될 것이다.

남은 문제는 미국이 대북 적대시정책을 포기하고 종전선언과 평화협정 체결, 북·미수교에 나서겠느냐 하는 것이고, 미국의 태도 변화가 없는 한 박근혜 정부의 태도 변화도 사실상 기대하기가 어렵다는 점이다.

2. 평화협정의 형식과 구성

한반도 평화협정은 남북한과 미국, 중국이 참여하는 4자 협정으로 체결되는 것이 바람직하다. 평화협정의 형식에 대해서는 사안별로 여러 협정을 동시에 체결하는 것을 생각해볼 수 있다.

첫째로, 북한의 대량살상무기 포기와 상호불가침 및 관계개선에 관한 북·미 간의 협정을 체결하는 것이다. 협정을 넘어 조약형태가 된다면 더 바람직하다.

둘째로, 남북 간에 상호불가침 및 군사적 신뢰구축과 재래식 무기통제에 관한 협정을 체결하고 미국과 중국이 이의 시행을 보장하는 것이다. 남북 간 평화협정에는 주변국들의 동시행동을 전제로 한 남북한 군비축소의 단계적인 시행도 명기할 수 있을 것이다.

셋째로, 주한미군과 관련하여 남북한과 미국의 3자 협정을 체결하거나 한·미 간의 합의사항을 북한이 동의하는 형식을 취할 수 있다.

넷째로, 한국전쟁의 종전과 한반도 평화보장 및 관리에 관한 남북한과 미국, 중국 4자 협정을 체결하는 것이다.

이러한 4가지 협정이 체결되면, 남북 간에 신뢰구축 조치를 진전시키고 비무장지대를 평화지대로 전환하며 남북 군사공동위원회를 구성하여 평화협정을 보장하고 관리할 수 있게 된다. 나아가 한반도 평화협정의 국제적 보장과 관리를 보강하기 위하여 6자회담을 발전시켜 동북아 다자안보협력을 강화하는 방안도 현실성을 갖게 된다. 즉 남북한 간에 군사협상이 시작되고 진전되는 것과 연계하여 6개국 간에도 유사한 군사적 신뢰구축 조치와 군비통제가 이루어지도록 한다면 선순환적인 진전을 이룰 수 있는 것이다. 한반도 및 동북아 평화가 중층적 복합구조를 통해 제도적 보장이 이뤄지도록 해야 한다는 것이다.[17]

평통사에서 만든 평화협정(안)에서는 한반도 평화체제가 실현되기 위해서는 전쟁위기를 가져오고 통일을 가로막는 핵심적 요소들이 제거되어야 한다는 점이 강조되어 있다. 외국군대를 철수시키고 외국 군사기지를 철거하고 군사동맹을 금지해야 한다는

---

17) 홍현익, 위의 논문, 205~206쪽. 남북평화협정의 체결을 우선시하는 김성한 교수는 "남북기본합의서와 부속합의서의 내용을 상당부분 수용하고 부분적으로 이를 보완할 필요가 있다"고 하면서 ①평화관리기구 ②군비통제 및 대량살상무기 포기 ③한반도 통일과 지역 평화를 위한 노력 ④타 조약과의 관계 ⑤남북 간 고위급상설협의기구 설치 ⑥한반도 평화정착을 위한 국제적 확인 등이 남북평화협정에 포함되어야 한다고 제안한다(김성한, 「6자회담 진전에 따른 평화체제 논의의 쟁점과 전망」, 『주요국제문제분석』(외교안보연구원, 2007.1.30.), 9~12쪽).

것이다. 동시에 남북한의 방위체제가 모두 '비공격적 방위체제'로 전환되어야 한다는 점을 강조했다.

평통사는 첫째로, 정전협정 4조 60항에 규정된 모든 외국군대 철수와 한국(조선) 문제의 평화적 해결, 9·19공동성명과 2·13합의에 명시된 '한반도의 항구적 평화체제'를 이룩하기 위해 큰 틀에서 요구되는 필요조건을 포괄해야 한다고 제안한다.

둘째로, 한반도 평화체제가 당사국들의 평화공존을 넘어 한반도 통일에 대한 한민족의 권리와 외세 개입 배격의 원칙이 명시되어야 한다는 것이다.

셋째로, 한국사회에서 주한미군 철수나 한미군사동맹 철폐, 군비축소 등의 문제가 불가침 영역으로 남겨져 있지만 이제는 평화를 위협하고 통일을 방해하는 요소를 과감하게 털어내야 한다는 원칙을 견지해야 한다는 것이다.[18]

평화협정(안)의 기본 틀[19]로는 ①조약이 아닌 협정으로 하고

---

18) 『평통사 자료집』, 12~13쪽.
19) 한(조선)반도 평화협정(안)은 구성은 다음과 같다. [제1장] 한국(조선)인의 기본 권리 [제2장] 전쟁종료와 국제연합군사령부 해체 및 외국군 철수(2~7조) [제3장] 조선민주주의인민공화국과 미합중국 사이의 관계정상화 및 불가침(8~13조) [제4장] 대한민국과 조선민주주의인민공화국의 불가침과 통일(14~20조) [제5장] 평화지대와 군사적 신뢰구축 및 군축(21~27조) [제6장] 평화협정의 이행을 위한 공동위원회(28~30조) [제7장] 국제평화감시단(31~34조) [제8장] 부칙(35~37조) (2~9쪽). 참고로 이 안의 기안자는 강정구(평화·통일연구소 소장), 고영대(평화·통일연구소 상임연구위원), 김승국(평화만들기 대표), 노정선(연세대학교 교수), 박경순(한국진보운동연구소 상임연구위원), 박기학(평화·통일연구소 상임연구위원), 변연식(평화와통일을여는

서명 즉시 발효 ②남북한과 미국, 중국을 당사자로 한 협정 ③민족 내부 특수관계로서의 남과 북의 법적 지위,[20] ④기본 협정과 부속합의서로 구성[21] 등을 고려했다.

평화협정(안)의 핵심 기조와 단계별 이행계획은 ①한민족의 자

사람들 공동대표), 이재봉(원광대 교수), 이철기(동국대 교수), 장경욱(민주사회를위한변호사모임 미군문제연구위원회 위원장), 정상현(한미관계연구회 회원), 조주형(평통사 지도위원) 등 12명이다.

20) "이 협정(안)에서 남 또는 북이 미국이나 중국에 대해서 갖는 법적 지위는 나라와 나라 사이 관계가 기본적으로 적용된다. 하지만 남과 북은 각기 상대에 대해서는 나라와 나라 사이의 관계가 아닌 민족 내부의 특수한 관계로서 이 평화협정 당사자로 참여한다.… 남북기본합의서가 남과 북의 관계가 나라와 나라 간의 관계가 아니라는 규정을 둔 것은 남과 북이 상대방을 서로 국가로 승인하지 아니하려는 통일 의지를 표현한 것으로서 기본합의서의 체결로 남과 북이 상호 묵시적 국가승인을 한 효과는 발생하지 아니하지만 그것은 조약으로서의 그 밖의 모든 효력을 갖는다. 평화협정에도 불구하고 남북기본합의서는 여전히 유효하고 또 평화협정으로 남이 북을, 북이 남을 국가로 승인한 것으로 볼 수 없기 때문이다."(16~17쪽)

21) "기본협정은 평화협정이 담아야 할 기본 원칙과 핵심 내용을 담고 있고, 부속합의서는 세부적인 사항이나 실무적 사항을 담는 형태를 취했다. 부속합의서는 그 내용에 따라서 평화협정 본문과 함께 동시에 서명될 문서(군사적 신뢰구축이나 군축 관련 부속합의서 등)와 평화협정이 체결된 직후 관련국들(가령 국제평화감시단 구성 등)이 작성해야 할 문서로 나뉜다. 부속합의서는 아래 사항에 대해 맺어질 것이다. ①외국군 철수와 외국군 기지 철거 ②북·미관계정상화를 위한 북·미 사이 합의서 ③해상 불가침 경계선과 구역에 관한 남북 사이 합의서 ④기존 군사동맹 해체와 관련한 세부사항 ⑤평화지대의 남북 공동관리에 관한 사항 ⑥서해 평화수역과 공동어로구역에 관한 사항 ⑦군사적 신뢰구축에 관한 세부사항 ⑧상호 군축의 세부 사항에 관한 부속 합의서 ⑨4자 공동군사위원회의 구성과 운영에 관한 부속합의서 ⑩남북 공동평화관리위원회 구성과 운영을 위한 남북 사이 합의서 ⑪국제평화감시단의 운영에 관한 세부 합의서 등."(17~18쪽)

결권 명시 ②주한미군 철수와 유엔사령부 해체 및 군사동맹 폐기 등 실질적인 전쟁종료를 뒷받침하는 군사적 조치의 규정 ③남북 불가침과 군사적 신뢰구축 및 군비축소 등의 평화 회복과 영구적 평화 보장 장치의 규정 ④핵우산 제공 금지와 북 핵무기 폐기 등 한반도 비핵화의 규정 ⑤미군철수와 북 핵무기 폐기 및 남북 군축을 상호 연동 ⑥평화협정의 통일 디딤돌 역할 천명 등이다.

평통사의 평화협정(안)은 나무랄 데가 없을 정도로 충실한 내용을 담고 있다. 그러나 평통사의 평화협정(안)이 대중적인 '공인'을 받은 것은 아닌 점을 감안해 남북한과 미국, 중국의 평화협정 체결을 위한 4자회담이 시작될 때 여러 민간 제안을 공론화하고 대중적인 중의를 모으는 운동이 전개될 필요가 있다.

평통사 회원들이 북의 우라늄농축문제 유엔안보리 회부에 반대하는 시위를 하고 있다.

3. 평화체제와 북핵문제

1) 북핵문제와 국제사회의 이중 잣대

한반도 평화체제와 관련하여 북한을 제외한 6자회담 참가국들은 모두 북핵문제의 해결에 관심을 집중시켜왔다. 미국은 북핵문제에 대한 '이중 잣대'로 북한을 압박하고 있다. 북한이 미국의 대북 적대시정책에 대한 저항으로 핵무기 개발에 나섰다는 사실이 아이러니하다. 미국이 불공정한 핵 독점체제를 바탕으로 북한에 대한 고립, 압박에 나서는 상황에서 북한은 구조적인 안보 불안을 느끼지 않을 수 없었을 것이다.[22]

따라서 한반도 평화체제를 구축하는 과정에서는 '북핵문제'만이 아니라 한반도에서의 미국 핵무기 불사용 등을 포함한 '한반도 비핵화'가 피할 수 없는 과제로 부상한다.

---

22) 서보혁, 〈휴전이 낳은 괴물 북핵, 대타협 외길만 남았다〉(정전 60주년, 평화를 선택하자 1), 《프레시안》, 2013년 2월 21일자.

과거 역사를 되돌아보면 미국을 비롯한 국제사회가 북핵문제에 대해 어떻게 '이중 잣대'를 적용했는지를 알 수 있다.

북한은 1984년에 핵무기비확산조약(NPT)에 가입하면서도 국제원자력기구(IAEA)의 핵사찰 수용 등을 기본으로 하는 전면적 핵안전협정의 서명은 거부하였다. 북한은 한반도에 배치되어 있던 미국의 전술핵무기의 철수와 핵전쟁 연습계획인 팀스피리트 한미 합동군사연습의 중단 없이는 IAEA의 핵사찰을 수용할 수 없다는 입장이었다. 1만기 이상의 가공할 핵무기를 보유한 미국이 작은 나라들의 핵무기 개발을 막는 것은 '자주적인 국제관계'에 어긋나는 일이다.

NPT에 따르면, 비핵국가들의 핵무기 개발을 제한하는 대신 핵보유국이 비핵국가들에 대한 핵사용과 위협 등을 하지 않는 것이 보장되어 있다. 그러나 현실 국제정치에서는 그 효력이 검증된 바가 없다. 더욱이 정전체제 하의 한반도에서 미국 핵무기가 여러 형태로 존재하는 조건에서 북한에 대한 IAEA 사찰의 강제는 불평등한 것이었다. 미국의 전술핵무기 철수 선언이 나온 1991년의 이듬해인 1992년에 가서야 북한이 전면적 핵안전협정에 서명한 것도 이 때문이다.

주요 핵 강국들이 시행한 핵실험 횟수를 보면, 유엔에서 포괄적 핵실험금지조약이 채택된 1996년까지 미국 1,032회, 소련 715회, 영국 45회, 프랑스 209회, 중국 45회 등이었다(파키스탄과 인도정부의 발표). 이들 핵 강국들은 부분적 핵실험금지조약이 채택된

1963년까지는 지상에서 핵실험을 진행하였다. 미국은 지금도 포괄적 핵실험금지조약의 인준을 거부하고 있으며, 임계 전 핵실험(핵폭발 임계치 전까지 진행하는 핵실험)을 아무런 제한 없이 진행하고 있다.

그러나 유엔 안보리는 미국의 제한 없이 핵실험에는 아무런 제재를 하지 않으면서 북한의 핵실험에 대해서는 언제나 대북 제재 결의안을 채택하고 있다. 그때마다 북한은 유엔 안보리의 제재 결의안에 반발해 그 부당성을 주장하고 있다. 미하원 외교위원회의 팔레 오마베 동아시아태평양환경소위원장도 2009년 9월 2일에 "전 세계적으로 미국, 러시아, 인도, 파키스탄이 핵보유국이 된 상황에서 북한만 핵 보유를 하지 말라는 것은 이중 잣대라고 생각한다"고 발언한 바 있다.

이중 잣대의 다른 사례를 보면, 중국이 1960년대 들어 핵무장 시도를 본격화하자 미국은 "소련보다 더 큰 위협이 될 것"이라고 압박하다가 중국이 핵무장에 성공하자 이를 현실로 받아들이고 베트남전쟁의 종결과 소련 견제를 위해 중국과 손을 잡았다(데탕트).

미국은 이스라엘이 1960년대에 비밀리에 핵무기 개발에 나서자 출범을 앞둔 NPT체제를 위태롭게 할 것이라며 이스라엘에 외교적 압력을 가하다가 결국에 가서는 이스라엘의 핵무장을 묵인하였다.

NPT 비회원국인 인도와 파키스탄이 1980년대에 핵무기 개발에 나서자 유엔 안보리는 여러 차례 결의안을 채택하여 핵 포기를 종용하면서 탄도미사일 시험발사를 금지시켰다. 그러나 안보리 결의는 흐지부지되었고 인도는 미국의 가장 중요한 전략적 파트너가 되었으며, 파키스탄은 미국의 '대테러 전쟁'의 동맹국이 되었다.

한편, 이라크의 후세인은 걸프전 이후 8년 간 혹독한 수준의 핵무기 사찰 및 해제 작업을 거쳤고, 미국의 이라크침공 직전까지 유엔 무기사찰단의 활동에 협력하였지만 미국의 침공을 피할 수 없었고 결국 비참한 최후를 맞았다.

자발적으로 대량살상무기(WMD)를 포기하여 '리비아 모델'로 칭송받던 리비아의 카다피도 후세인과 같은 최후를 맞이하였다. 카다피는 2004년에 미국으로부터 정권 보장, 테러지원국 명단 삭제와 제재 해제를 약속받았고 WMD를 포기하고 사찰을 받아들였다. 미국은 7년 동안이나 약속을 이행하지 않으면서 리비아의 무장을 해제시켰고 2011년에 리비아를 침공하여 카다피를 제거하였다. 미국의 리비아 침공에 명분을 제공한 리비아반군은 미국이 수년 동안 육성지원해 온 군사집단이었다.

이런 이중 잣대의 국제적 사례가 북한을 핵 무장의 길로 내몰았던 셈이다. 북한은 국제사회의 이중 잣대를 계속 비판하면서 다른 한편으로 한반도의 비핵화, 미국과의 평화협정 체결, 북·미수교와 평화체제의 구축을 내세웠다.

2) 평화협정 : 한반도 핵문제의 해법

한반도 평화협정은 전승국과 패전국이 맺는 평화협정의 유형이 될 가능성은 없고 힘의 균형에 의한 평화협정이 될 가능성이 농후하다. 과거 북한은 미국이 대북 적대시정책을 버리고 북·미 평화협정이 체결된다면 핵무기를 가질 이유가 없다는 입장을 밝혀 왔다. 그러던 북한이 2013년 3차 북핵실험 이후 핵보유국 및 위성발사국의 지위를 영구화할 것을 선언하면서 비핵화 협상은 영원히 끝났고 평화협정 체결을 위한 협상만 남아 있을 뿐이라며 근본적인 방향 전환에 나섰다. 이것은 북한이 이라크와 리비아의 사례에서 충분히 학습했다는 것을 의미한다. 북한은 미국의 대북 적대시정책이 유지되는 조건에서 핵무장을 통해 힘의 균형을 만들어내지 못할 경우 언제든지 미국의 기습 공격을 받을 수 있고, 이로 인해 체제와 정권의 붕괴에 직면할 수도 있다는 위험을 느끼고 있다는 것을 보여준다.

미국이 북한을 핵보유국으로 인정하지 않으면서 대북 적대시정책을 강화한다면 한반도에서 핵전쟁의 위험은 더욱 커질 수밖에 없다. 한반도에서의 핵 대결이 핵전쟁으로 비화하지 않으려면 한국과 미국이 북한과의 평화협정 체결의 길에 나서고 평화체제의 구축과정에 진입하여야 한다.

미국이 대북 적대시정책을 폐기하고 북한과 평화협정을 체결하는 한편, 북·미관계의 정상화로 나아가는 것만이 핵 대결과 핵전쟁의 위험을 막는 현실적인 출발점이다. 평화협정이 체결되고 북·미관계가 정상화되는 과정에서 당연히 한반도 비핵화 문제가 다뤄지게 될 것이다. 한반도 비핵화는 NPT에서 정한 핵보유국과 핵비보유국의 의무사항에 기초하게 될 것이다. 핵보유국은 핵무기 또는 핵폭발장치를 이전하지 아니하며, 핵비보유국이 핵무기 등을 제조하거나 취득하는 데 지원을 해서는 아니 되며(제1조), 반면 핵비보유국은 외부로부터 핵무기 등을 수취하지 아니하며, 제조 혹은 획득하지 아니하고 그 제조와 관련한 지원을 받지 아니한다(제2조). 핵비보유국은 핵활동에 있어서 핵물질의 안전성을 보증하기 위하여 국제원자력기구와 안전협정을 체결하여야 하고(제3조), 모든 조약국은 엄격하고 효과적인 통제 하에 전면적이고 완전한 군축에 합의하기 위한 협상을 추진하도록 하고 있다(제6조).[23]

한반도 비핵화 과정에서는 당연히 미국이 북한에 대한 핵위협을 제거하는 한편(한국에 대한 핵우산 제공의 포기, 전략핵폭격기 등 3대 핵 타격수단의 한반도 전개 금지, 핵전쟁계획의 전면적인 포기 등), 핵군축 등과의 포괄적인 연계가 필요할 것이다. 미국이 과연 이러한 태도 변화를 보일 지는 의문이지만 이 방향으로 나아가지 않는 한 북핵문제의 해결은 요원하고 한반도에서 핵전쟁 위기는 더욱 높아질 것이다.

한반도 평화협정에는 핵무기의 사용 및 위협, 확산 등의 통제,

---

23) 성상희, 〈우리도 핵무장? 헌법 어기고 한미동맹 깨자는 논리〉(정전 60주년, 평화를 선택하자 2), 《프레시안》, 2013년 2월 27일자.

그리고 핵군축을 통한 '핵 없는 한반도, 핵 없는 세계'에의 지향이 담기는 것이 바람직하다. 평화협정에 ▲전쟁의 종식과 불가침 ▲ 평화회복 및 평화관리기구의 구성과 운영 ▲국제적 평화보장 방 안 ▲군사분계선 유지 ▲외국군 철수 및 쌍무동맹 해소 논의 ▲군 비통제 ▲전후 청산과 인도적 문제 해결 ▲남북 간 평화통일 지지 등이 포함되는 것은 기본이고 '핵 없는 한반도, 핵 없는 세계'의 의지도 반영되어야 한다는 것이다.

한반도 비핵화와 동북아 평화체제 추진방안

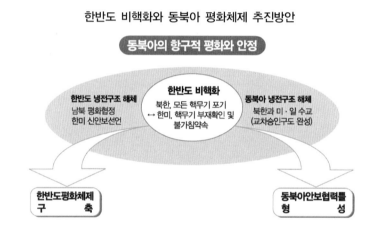

비핵화와 평화체제 이행의 경로는 ▲'선 비핵화 후 평화체제 구 축' ▲'선 평화체제 구축 후 비핵화' ▲'비핵화와 평화체제 구축의 조율' 등을 생각해볼 수 있다. 많은 전문가들이 '비핵화와 평화체 제 구축의 조율'을 바람직하게 보는 경향이 있다. 이것은 미국의 선 비핵화 입장과 북한의 선 평화체제 입장을 조정하여 핵폐기와 평화체제 구축, 북·미관계 개선을 단계적으로 연계하자는 방향이다. 이것은 핵폐기의 진행과정을 기준으로 이에 상응하는 수준에서 평화체제 구축과 북·미관계 진전을 추진하자는 것이다.[24)

평화협정 체결 이후에 유엔사령부 등 정전체제 유지기구는 당연히 해체될 것이다. 한반도 평화관리는 처음에는 평화협정 체결국과 국제사회가 참여하는 기구가 책임을 지는 형식을 취하다가 평화체제의 공고화 단계에 들어가서는 남북한의 관리로 전환할 수 있을 것이다. 이 과정에서 특히 선도적인 군비통제를 진행할 필요가 있다.

참여연대 평화군축센터는 남측이 북에 대한 군사력 우위를 고려하여 병력 감축과 군복무기간 단축, 군비 동결 혹은 절감에 나서 남북 군비통제 협상을 주도할 것을 주문한다. 이때 국방비 감축 분은 삶의 질의 향상에 직접 기여할 수 있는 분야에 사용할 수 있다는 것이다. 평화군축센터는 또한 북한의 급변사태를 대비한다는 구실로 입안, 훈련되는 각종 공격적인 작전계획들을 폐기하고 그와 관련한 자극적인 군사훈련(「작전계획 5029」, 키리졸브와 독수리연습, 기타 상륙작전 및 북한 안정화 훈련 등)을 중단해야 한다고 제안한다. 아울러 한반도와 동북아시아에서 신냉전적인 군사대결구조가 강화되지 않도록 한·미 합동전력의 군사계획과

---

24) 박종철, 「한반도 평화구상: 이론과 추진구도」, 『국제문제연구』 제11권 제1호 (통권, 2011년 봄, 국가안보전략연구소), 87쪽.

군사력 투사를 적절히 제한해야 한다는 것이다.

평화군축센터는 특히 미사일방어(MD)체계 편입, 한일 군사협력, 해군력의 전진배치와 제주해군기지 건설, 합동작전훈련을 위한 해외파병, 작전반경 확대를 위한 무기구매 등 군사적 긴장을 고조시키는 행위로 간주될 수 있는 군사행동을 중단하거나 폐기해야 한다고 강조한다.[25] 이처럼 평화협정의 체결과 평화체제의 구축 문제는 많은 과제들이 연결되어 있다. 당연히 평화협정을 한반도 핵문제의 해법으로 내세워야 하며, 평화협정 체결에 대한 공감대를 확산시켜 나가야 할 필요가 있다.

---

25) 참여연대 평화군축센터, 『시민이 제안하는 한반도 평화체제』(참여연대 보고서 제2011-22호, 2011년 11월 23일).

4. 평화체제와 한미동맹, 주한미군

상식적으로 말하자면 평화체제를 구축하는 과정은 한반도에서 정전체제, 전쟁상태를 끝내는 일이다. 전쟁상태를 끝낸다는 것은 전쟁에 대비하는 군사적 동맹체제에 어떠한 형태로든 변화가 불가피하다는 것을 뜻한다. 평화체제의 구축 과정은 필연적으로 한미동맹 체제의 변화를 야기할 것이다. 이 문제는 그리 단순하지 않으며, 평화체제와 한미동맹에 관해서는 현실적으로 논란이 불가피하다.

하나는 국내의 보수-진보 진영 간의 논쟁이다. 진보진영은 한미동맹이 평화체제의 진전을 가로막는 장애물로 인식하는 경향을 보이지만, 보수진영은 한미동맹 없이는 안보불안이 가중되어 평화체제의 실현이 도리어 어려워진다면서 평화체제 이후에도 한미동맹이 유지되어야 한다고 주장한다.

다른 하나는 평화체제에 관한 한 미국의 입장과 태도가 중요하다는 사실이다. 미국의 한반도 평화체제에 입장과 태도는 평화체제의 실현에서 매우 중요한 외부 변수이다.[26] 문제는 미국이 한반도 평화체제와 한미동맹을 한반도에 국한시켜서 파악하지 않고 아시아태평양지역에서의 군사전략이라는 틀에서 바라본다는 점이다. 미국이 북한과의 관계를 정상화하고 한반도 평화체제를 구축하는데 일조할 것인가 하는 것은 미국의 안보전략의 틀 안에서 결정된다는데 문제가 있다. 미국은 전통적으로 정책 판단의 준거를 미국의 안보, 경제적 번영, 가치 투사(value projection)의 관점에서 판단해왔다. 이에 따르면 미국이 북·미관계 정상화를 기획할 때 미국의 안보와 경제에 도움이 되고 미국적 가치체계의 확산에 도움이 되는지를 판단 기준으로 삼을 것이다.[27]

---

26) 이상현, 「한반도 평화체제와 한미동맹 및 유엔사 문제」,『북핵 문제 해결과 한반도 평화체제』(세종연구소 제17차 세종 국가전략포럼, 2007년 10월), 153쪽.

27) 같은 논문, 159쪽. 미국 외교정책에 영향을 미치는 정책연구소(think-tank)들이 중요하다. 첫째로, 연구소에서 산출된 정책연구가 정부나 당, 의회의 유관 부처에 의해 채택되어 실제 정책화된다는 사실이다. 보수주의 정책연구소인 헤리티지재단(The Heritage Foundation)은 레이건 정부에게 '전략방어 이니셔티브(Strategic Defense Initiative)' 정책을 제언하여 냉전 종식에 기여하였고, 같은 계통의 미국기업연구소(American Enterprise Institute)의 한 연구원은 부시 대통령의 '악의 축(the Axis of Evil)' 연설문을 작성하였다. 미 공군의 지원 하에 있는 랜드연구소(RAND Corporation)는 헤리티지재단과 함께 NATO 확대 및 미사일방어망 중부유럽 배치 등을 제안하였다. 둘째로, 정책연구소가 민주당 정부와 공화당 정부 사이에서 '회전문(revolving door)' 역할을 한다는 사실이다. 대통령 당선자는 정책연구소 등에서 일하는 '코드(code)'가 맞는 인재들을 정부 요직에 등용하고, 실권하는 경우 고위 인사들은 정책연구소 등으로 자리를 옮겨 정책연구와 재집권 프로젝트에 임한다. 라이스 국무장관은 헤리티지재단, 체니 부통령은 미국기업연구소, 클린턴 정

미국은 한반도 평화체제에 대해 한국의 입장을 지지해왔다는 점에서 원칙적으로 평화체제에 반대하지는 않고 있지만 적극적인 지지도 표명하지 않는다. 미국은 자신을 배제하거나 급격한 현상 변경을 동반하는 평화체제의 진전을 지지하지 않을 가능성이 크다.

미국은 1996년에 4자회담을 제의하기 이전에는 남북의 직접 협상에 의거한 합법적인 평화체제로 대체될 때까지 정전협정 체제를 존속시켜야 한다는 입장을 견지해왔다. 북한이 주장해온 북·미 평화협정은 불가능하며 남북 당사자 원칙에 입각하여 남북 평화협정을 통해 한반도 평화체제가 구축되어야 한다는 것이었다.

1997년의 4자회담 개최 이후부터는 한·미 양국이 4자회담이 한반도에서 긴장완화와 평화체제 구축을 위한 유용한 틀이라는 인식을 보였다. 그러다가 2차 북핵 위기가 발발한 이후 미국은 북핵 폐기에 관심을 집중하였고 평화체제와 북·미관계 정상화를 서두를 기미를 보이지 않았다.

미국은 북핵 문제를 세계적, 지역적 차원의 비확산과 반테러의

부에서 국무부 차관보를 역임한 수잔 라이스는 브루킹스연구소, 카터 정부 때 국가안보보좌관을 지낸 브레진스키와 부시 정부에서 국무부 차관보를 지낸 제임스 켈리는 국제전략문제연구소 출신이다. 셋째로, 정책연구소 연구원들은 워싱턴의 주요 여론형성자이면서 세계적 언론매체를 통해 한국이나 한반도 문제에 대해 지배담론을 형성하는데 참여한다는 사실이다(박건영, 「한반도 평화체제 구축을 위한 국제협력」, 『북핵 문제 해결과 한반도 평화체제』, 세종 연구소 제17차 세종국가전략포럼, 2007년 10월, 178쪽).

입장에서 바라보고 있다. 미국은 북한의 대량살상무기 문제에 대한 완전한 해결, 남북 간 군비통제를 통한 재래식 전력의 균형과 안정성 달성 이후에나 한반도 평화체제 정착이 가능하다고 본다. 미국은 북한과의 평화협정 체결에는 좀처럼 관심을 보이지 않는다. 북한은 핵문제 해결을 위해 선(先) 북·미 불가침협정 체결을 주장하고 있지만, 미국은 북한이 검증 가능한 상태로 핵개발을 포기할 경우 대북 안전보장을 서면으로 약속하겠다는 정도의 응대를 하였을 뿐이다.28)

그리고 현재의 군사적 지형으로 보아 한미동맹을 먼저 해체하고 평화협정을 체결한다는 것은 불가능하다. 평화협정 체결 과정에서 한미동맹 해체 논의를 본격화하고 평화협정 체결 이후에나 한미동맹을 해체하는 수순에 들어가는 것이 현실적 대안이 될 수도 있다.

물론 평화협정 체결과 한미동맹 해체 사이의 시간 격차가 클 수 있고, 자칫하면 평화협정은 체결되었지만 한미동맹이 강고하게 유지되면서 평화협정의 이행을 위협하는 심각한 상황이 올 수도 있다. 따라서 한미동맹 해체와 주한미군 철수는 평화협정 체결과정의 첫 단계에서부터 의제로 다루고 협정 체결로부터 빠른 시일 안에 한미동맹 해체와 주한미군 철수가 실행에 옮겨지도록 하여야 한다.

---

28) 박영호 외, 『한반도의 평화정착 추진전략』(통일연구원, 2008년), 57~58쪽;
이상현, 위의 논문, 155~156쪽 재인용.

평화협정이 체결된다고 해서 한미동맹 체제가 급격히 해소되는 것은 아니다. 남북한과 미국이 모두 평화협정 체결의 당사자에 포함되더라도, 그리고 북한이 한미동맹을 평화협정의 위협 요소로 문제 삼더라도 한미동맹은 어디까지나 한·미 간의 상호방위조약이다. 동맹 체제의 해체는 양국이 조약을 폐기하는 절차, 혹은 조약의 성격을 변경하는 절차를 진행하는 것을 필요로 한다. 미국이 한미동맹을 아시아태평양지역 전체 안보의 '핵심축(linchpin)'으로 보는데서 과연 벗어나는 근본적인 자세 전환을 보일 것인가가 의문이다. 미국이 한미동맹을 아시아태평양지역 전체 안보의 '핵심축'으로 인식하는 한, 동맹 체제는 쉽게 무너지지 않을 것이다.

따라서 한국인들이 한미동맹에 대해 어떤 '선택'을 할 것인지, 미국 내의 평화세력이 한국인의 평화 의지에 조응하여 어떤 '행동'을 하는지가 점점 중요해진다.

한미동맹 해체와 주한미군 철수 주장이 '평화구호'로서는 나무랄 데가 없으나 현실세계에서는 한미동맹의 미래상을 여러 각도로 조명해볼 수 있다. 전문가사회에서는 대체로 4가지 형태가 논의되고 있다.

첫째로, 동맹 해체의 경우이다. 한미동맹이 해체되면 일본에서 시작하여 한국, 대만이 모두 핵무기를 개발할 가능성이 있고 동북아 정세의 불안정성이 높아질 가능성이 있기 때문에 미국은 이런 선택을 할 가능성이 거의 없다.

둘째로, 동맹은 유지하되 소규모 연락 병력을 제외한 모든 주한미군이 철수하고 합동군사훈련만 수시로 하는 경우이다(정치동맹). 한미동맹을 군사동맹에서 정치동맹으로 변환시킨다는 합의가 이루어지면 주한미군을 한반도 밖으로 이전하고 합동훈련을 수시로 하면서 유사시 상호지원을 약속할 수도 있으나, 이렇게 되려면 한반도 비핵화와 남북 간의 군사적인 신뢰조치가 상당한 수준으로 이뤄지고 동북아 다자안보협력이 제도화될 필요가 있다. 다만 북한은 중립적인 평화유지군을 제외한 외국군대의 한반도 주둔 금지를 요구할 가능성이 크다.

셋째로, 주한미군의 규모를 축소하고 후방으로 이전 배치하며 한국군과 미군이 작전통제권을 각각 행사하는 '병렬형' 작전협력 태세로 바꾸어 주둔하는 경우이다(동맹의 수정, Modify).

넷째로, 주한미군의 역할을 변경하여 주둔하는 경우이다(동맹의 변형, Transform). 이것은 주한미군이 대북 억지력의 군대로서가 아니라 평화유지군으로 지위와 역할을 변경하여 계속 주둔하는 것이다.[29]

일부 전문가들은 한미동맹의 성격과 역할을 변경하고 주한미군 규모의 조정이나 이동 배치로 타협점을 찾을 것을 제안한다. 이를테면 북한의 재래식 병력과 한국군 및 주한미군 군사력의 균형을 유지하면서 미군 병력을 점진적으로 감축하자는 것이다. 남북의 경계선에 평화유지군을 배치하고 주한미군은 경상도, 전라도 남

---

29) 홍현익, 위의 논문, 212~213쪽.

측으로 이전시켜 동북아의 '세력균형자' 또는 '안전보장자' 역할을 수행하게 하자는 것이다.

이것은 북핵 폐기가 이뤄지면 미국이 전시작전통제권과 한반도 방위의 주 임무를 한국군에 이양하고 전략적 유연성에 따라 주한미군을 신축적으로 운용하면서 지역 안보와 대중국 견제 역할을 수행할 것이라는 가정에 입각한 것이다. 이러한 입론에 서 있는 전문가들은 평화협정 체결이 주한미군의 지휘구조와 역할 조정 및 추가 감축 등을 수반할 것이지만 주둔 그 자체에는 큰 영향을 미치지 않아야 미국이 수용할 것이라는 전제를 깔고 있다. 주한미군의 전면 철수는 실질적인 평화정착이 이루어진 뒤에나 생각하고 평화협정 체결의 단계에서는 한미동맹을 유지하는 것이 필요하다는 논리이다.[30]

그러나 평화와 통일을 사랑하는 사람들(평통사)의 평화협정(안)에서 지적하고 있듯이, 한미동맹은 군사전략과 군사교리, 작전계획, 무기체계, 군사연습 등이 대북 (선제)공격과 점령을 기조로 하고 있으며, 주한미군의 '전략적 유연성'에 따라 동북아시아 나아가 아시아태평양지역을 활동범위로 하는 침략동맹으로 전환되고 있다. 한미동맹이 대북 전쟁동맹에서 지역 및 세계 군사동맹으로 전환해 나감에 따라 한반도를 세계 패권의 전초기지로 만들고 평화협정 체결에 걸림돌 작용을 하고 있다는 것이다.

---

30) 같은 논문, 214쪽.

평통사의 평화협정(안)이 강조하듯이, 군사동맹의 해체는 한미 상호방위조약과 북·중 우호협조 및 호상원조조약을 폐기하고 외국군대를 철수하며 평시, 전시에 동맹을 가동하기 위해 설치된 각종 인적, 물적 군사지원체계를 완전히 해체하는 것을 의미한다. 한미동맹과 북·중동맹은 각기 북과 남을 잠재적 적으로 상정하고 있으며 전쟁 시 동맹 참가국에 대해서 군사력 지원(사용)을 의무화하고 있는 점에서 동일하다.

평화협정이 체결되어 한국전쟁이 법적으로 종결되고 남북이 평화적 관계로 전환되면 근본적으로 한미동맹의 목적이 사라진다. 평화협정이 체결되면 북·미관계도 정상화되고 북·미 불가침조약이 체결될 가능성도 있기 때문에 북·중동맹도 존립 근거가 없어질 것이다. 한·미 군사동맹의 해체(한미 상호방위조약 폐기, 주한미군 철수, 한미동맹을 실행하기 위한 각종 한·미 군사관련 조약 및 협정 폐기)는 한국전쟁을 실질적으로 종식시키고 교전국 간의 적대관계의 평화적 관계로의 전환을 뒷받침하며, 한반도 및 동북아시아에서 군비경쟁을 막고, 한민족의 자결권을 보장받는 필수불가결한 요인이다.[31]

한편, 정전체제가 평화체제로 전환되면 한미동맹의 변화뿐 아니라 유엔군사령부의 해체도 불가피하다. 유엔사는 사실상 유명무실해진 지 오래되었다. 1950년 7월 7일 유엔 안보리 결의에서

---

31) 『평통사 자료집』, 55~58쪽.

밝힌 유엔사 설치의 전제였던 한국전쟁이 정전되었고, 정전 뒤 미군 이외의 거의 모든 연합군 전투부대가 한국에서 철수함으로써 유엔사는 주한미군사령부나 다를 바 없게 되었다.

미국은 1975년 6월 27일 "1976년 1월 1일을 기해 유엔군사령부를 자진 해체하겠다"는 결의안을 유엔에 제출한 바 있고, 그해 8월 16일에는 유엔군 업무와 직접 관련이 있는 주한유엔군사령부, 판문점군사정전위원회 시설을 제외한 대부분의 군사시설에서 유엔기를 내렸다. 그해 11월 18일 유엔총회에서 미국 주도의 서방측 안과 모든 외국군의 철수를 규정한 공산측 안이 함께 통과된 사실에서도 평화협정 체결 이전이라도 유엔군사령부의 해체가 이뤄져야 한다는 것을 확인할 수 있다.

유엔사는 1978년 11월 한미연합사의 창설에 따라 한국 방위 임무가 한미연합사로 넘어감으로써 정전관리 임무만 맡게 되었다. 더욱이 유엔사령부는 군사정전위원회가 무력화된 상황에서 북·미 장성급 회담이 열리기도 하고 한국군이 비무장지대 및 판문점 경비를 전담함에 따라 정전 임무마저 제대로 수행하지 못하고 있다.

북한이 1994년 5월 28일 정전협정 대체와 유엔군사령부 해체에 관한 조처를 시작해 달라는 요청을 하자 갈리 유엔사무총장이 "안보리는 안보리의 통제를 받는 보조기구로서 통합사령부를 설립하지 못하고 미국 주도의 사령부 설립을 권고"했다면서 "통합사령부 해체는 유엔의 어떠한 기구의 책임 범위 안에 있는 것이

아니라 미국 정부의 권한에 속하는 문제"라고 답변한 바 있다.[32]

이것은 유엔군사령부의 해체가 미국의 손에 달려 있다는 것을 의미하고, 한반도 평화체제의 구축과정은 한미동맹의 해체와 함께 유엔군사령부의 해체를 가져올 것이라는 것을 의미한다.

---

32) 『평통사 자료집』, 34~36쪽.

5. 평화체제와 통일

한반도 평화체제의 구축 과정은 통일과정과 맞물려 진행될 것으로 전망된다. 평화체제가 이뤄지면 자연스럽게 평화통일과 공동번영의 물리적 여건이 마련된다. 다만 '자주적' 평화통일이 이뤄지려면 한미동맹 구조의 해체를 비롯한 군사적 물리력에 근본적인 변화가 있어야 한다. 평화체제의 구축과정은 동북아의 군사지형을 변화시킬 것이 분명하지만 이 과정을 목적의식적으로 전개하지 않으면 매우 더디게 진행될 우려가 있다. '자주적' 평화통일의 과정에서 속도를 내려면 민족 내부의 주체역량 강화가 우선되어야 하고 이 기초 위에서 미국의 태도 변화를 촉구해야 할 것이다.

미국이 한반도와 동북아에서 자신의 안보이익과 경제이익을 유지하려면 '미국적 가치체계'의 확산에 대한 미련을 버려야 할 것이고, 이것은 중국의 부상과 동북아에서의 역관계의 변화에서 볼 때 자연스러운 일이다. 미국이 중국에게 '미국적 가치체계'를 강요할 수 없듯이 한민족에게도 이를 강제해서는 안 된다. 한민족은 평화체제의 구축 과정에서 '연합연방제' 통일을 현실화해나갈 것이고 이 과정에서 남과 북이 상대방의 체제와 이념을 인정한 바탕 위에서 평화와 공동번영을 실현해나갈 것이다.

한편, 평화체제와 통일의 상관관계를 생각해볼 때 갑작스런 통일이 이뤄질 경우를 상정해볼 수도 있다. 이 경우 당연히 통일에 부합하는 평화체제를 만들어나가면 될 것이다. 다만 한반도에서의 군사적 물리력에 근본적인 변화가 일어나거나 갑작스런 통일이 이뤄질 가능성이 전혀 없지는 않지만 그 가능성은 낮다고 보는 것이 현실적이다. 갑작스런 통일이 전쟁수단에 의해 이뤄진다면 평화체제를 생각하기가 어렵다.

반면에 평화체제가 구축되기 전에 남북한의 합의에 의해 통일이 이뤄진다면 통일국가 수립에 따라 평화와 공동번영의 제도화에 나서면 되겠지만 한반도의 현실에서 보면 그럴 가능성은 적은 편이라고 할 수 있다. 현실세계는 점진적 통일과정과 이를 위한 방안을 모색하는 것이 현실적이며, 이를 위해서는 평화체제의 구축이 선행되는 것이 바람직하다는 것을 보여준다. 남북의 통일과정에서 평화체제의 실현은 숙명적인 과제인 것이다.

한민족의 통일과정은 평화적이어야 한다. 전쟁이나 흡수통일은 한민족과 동북아 정세에 돌이킬 수 없는 치명적 손실을 가져다 줄 것이기 때문이다. 「대한민국 헌법」 전문에 나오는 "평화적 통일의 사명에 입각하여"라는 대목은 평화적 통일과정의 원칙과 그 정신을 보여준다. 헌법 4조에 따르면 "대한민국은 통일을 지향하며, 자유민주적 기본질서에 입각한 평화적 통일정책을 수립하고 이를 추진"하기로 되어 있다. "자유민주적 기본질서에 입각한"이라는 수식(修飾)이 붙은 만큼 제도통일(흡수통일)에의 미련을 버린 것은 아니라고 할 수 있지만, '통일지향'과 '평화적 통일정책 수립'의 기본방향을 견지하고 있다. 통일과정은 평화적 통일정책에 따라, 평화적으로 진행되어야 한다는 좋은 뜻을 담고 있기 때문이다. 달리 말하면 충돌, 전쟁, 점령과 같은 폭력적인 방법이 아니라 투표, 협상, 합의 등과 같이 비폭력적이며 평화적인 방법으로 통일을 달성해야 한다는 의미인 것이다.[33]

앞으로 다가올 '연합연방제'에 의한 통일국가는 국제적 평화를 지향하여야 한다. 통일국가는 민족적 자주권에 기초하여 주변국들과의 관계에서 '영세중립'과 '탈동맹'의 길을 걸음으로써 한반도에서뿐 아니라 동북아시아, 나아가 아시아태평양지역 전체의 평화에 기여해야 할 것이다.

'연합연방제'에 의한 통일국가는 평화지향적 대외정책으로 주변국로부터 신뢰와 존중을 받아야 한다. 한민족의 통일국가는 '한반도 비핵화에 기초한 평화통일국가'로 자리매김하여야 하며, 이를 위해서는 통일 이전부터 이러한 정책의지와 원칙을 천명함으

---

33) 조민·박형중·전봉근·이수석, 『통일대계 탐색연구』(통일연구원, 2009년), 83쪽.

로써 한반도의 통일에 대한 국제사회와 주변국들의 지지를 확보하는 것이 바람직하다.[34]

한반도의 지정학(地政學)과 지경학(地經學)은 열강의 각축을 불러왔지만 21세기에는 통일국가의 평화지향성이 주변국들에게도 평화와 공동번영을 가져오는 계기가 되어야 한다. 이러한 평화와 공동번영의 정치사상적 기초는 말할 나위 없이 '자주성'이다. 자주적인 통일국가만이 주변국들과의 관계에서 '영세중립'과 '탈동맹'의 길을 걸어갈 수 있기 때문이다.

자주적인 통일국가의 길에서 중대한 장애요인은 한미동맹과 주한미군이다. 보수적 경향성을 지닌 많은 전문가들은 통일 이후에도 한미동맹과 주한미군이 유지되어야 한다는 담론을 확대재생산하고 있다. 평화협정의 체결에서 시작될 평화체제의 구축과정에서 주한미군의 위상과 역할의 변화를 통해 일시적으로 주한미군이 주둔하는 사태는 예견할 수 있다.

'연합연방제'에 의한 통일이 이뤄지면 통일국가 하에서 주한미군의 주둔을 둘러싼 논쟁이 불가피할 것이다. 그 과정에서 보수세력은 중·일분쟁, 한·일분쟁과 같은 분쟁이 일어나면 한국이 피해를 입을 가능성이 높기 때문에 이를 예방하는 차원에서 미국의 개입이 필요하고, 이를 위해서는 주한미군이 유지되어야 한다고 주장할 것이다. 일부 전문가들은 통일 이후 주한미군이 대북 억지력

---

34) 같은 책, 84쪽.

임무에서 벗어나 동북아의 안정과 평화, 아시아태평양 지역에서 미국의 이익과 세계평화를 유지하기 위한 전진기지가 될 것이며, 해·공군 위주의 2만 명 내외 규모를 유지할 것으로 예상한다.[35]

그러나 미국과 중국이 전략적 협력을 강화하는 조건에서라면 중국이 주한미군에 대한 거부감을 덜 보일 수도 있겠지만, 미국과 중국 간에 갈등이 심화되고 양국이 분쟁으로 치달을 경우에는 주한미군으로 인해 통일국가가 뜻하지 않은 국제분쟁에 휘말릴 수 있다.

이러한 상황 인식은 동북아와 아시아태평양지역에서 중국의 지위와 역할이 눈에 띄게 높아지고 미국이 중국의 부상을 견제하면서 양국이 정면으로 충돌할 개연성이 있기 때문이다. 중국이 진행해온 아시아인프라투자은행(AIIB)의 설립 움직임에 대하여 미국이 보인 반응을 생각해볼 때, 21세기의 어느 시점(2030~2040년)에선가 미국과 중국의 경제력과 군사력의 우위가 뒤바뀌게 되는 그 순간, 미국과 중국의 갈등은 극에 달할 것이다.

'연합연방제'에 의한 통일국가는 지정학과 지경학의 측면에서 언젠가 숙명처럼 다가올 수 있는 미·중분쟁에 휩쓸리지 않도록 자주역량을 발휘하여야 한다. 통일국가는 '영세중립'과 '탈동맹'의 대외노선에 입각하여 주변국들과 자주와 평화, 친선과 협력을 확대하는 대외정책을 일관되게 전개하여야 한다. 한반도와 동북

---

35) 같은 책, 105~107쪽.

아 지역에서 '평화와 공동번영을 향한 주체적이고 능동적인 대응' 과 '평화세력의 다국적 연대'에 나서야 하는 이유다.

제4장

평화체제,
어떻게 만들 것인가

"평화체제는 자주냐 예속이냐, 전쟁이냐 평화냐, 분단이냐 통일이냐의 '전략적 대결'에서 누가 승리하느냐에 따라 결론이 난다. 평화운동세력은 전쟁을 반대하고 평화를 실현하려는 대중들의 자주적 평화통일역량을 조직화해야 할 과제에 직면해 있다."

1. 평화체제, 어떻게 해야 하나

지금 평화운동세력이 한반도 평화체제 구축의 당위성을 역설하는 것만으로는 부족하다. 평화체제를 만들자면 무엇이 필요한지, 또 어떻게 해야 하는지 등의 실천과제에 관심을 집중해야 한다. 개인이든 집단이든 아무리 좋은 생각을 갖고 있다고 한들 그 생각을 실천에 옮기지 않는다면 좋은 변화는 오지 않는다. 세상을 바꾸는 좋은 변화는 매일, 매순간 거듭되는 실천행동의 결과이다. 한반도에서 평화체제를 구축하는 일은 더는 미룰 수 없는, 당장 실천해야 할 과제이다.

남북 간 군사적 대치상황, 북한의 핵개발 현실, 한미동맹과 합동군사연습의 강화 등 장애요소들이 있다고 하여 평화체제의 꿈을 먼 훗날로 미뤄서는 안 된다. 군사적 긴장이 언제 갑자기 전쟁의 먹구름을 몰고 올지 모르는 '일촉즉발의 전쟁위기' 앞에서 한가롭게 말의 성찬이나 할 때가 아니다.

한반도에서 평화체제를 구축하자면 반드시 필요한 조건들이 있다.

첫째로, 한반도 비핵화의 실현이다. 보수진영의 전문가들은 북한이 핵을 보유하고 있는 한 남북 간 비대칭적 군사력이 유지되고 이러한 군사적 불안정성은 평화를 담보할 수 없다고 주장한다. 북핵 폐기가 선행되어야 한다는 것이다.[36] 그러나 이것만으로는 부족하다. 미국이 북한에게 핵무기 불사용을 약속하고 한반도에 핵무기를 배치하지 않아야 하며 핵무력을 동원한 합동군사연습도 하지 않을 것을 약속해야 북한도 핵무기를 포기할 것이다.

둘째로, 남북한의 상호 실체 존중과 신뢰구축 조치가 선행되어야 한다. 평화공존을 위해서는 상대방 실체에 대한 인정과 존중이 필요하며, 정치적, 군사적 신뢰구축을 위한 가시적 조치를 실천하

---

[36] 친미반북 보수세력의 일부는 '핵무장론'을 주장하기도 한다. 첫째로, 북한이 핵무기를 사실상 보유하게 된 상태에서 이에 대항하기 위하여 대한민국이 핵무장을 해야 한다는 논리이다. 그러나 한국은 미국의 핵우산(즉 동맹국이 제3자로부터 핵공격을 당하면 그에 대한 방어 및 보복 공격을 확약하여 핵공격으로부터 보호하는 정책)에 의하여 제3국의 핵무기 위협에 대처하고 있다. 둘째, 한국의 핵개발은 북한의 핵위협에 대항하기 위한 자위적 목적에 의한 것이며, 북한에 대한 압박을 통하여 북한 핵을 폐기하기 위한 것으로 한반도 비핵지대화를 실현하고 한반도의 평화를 보장하는 방법이라는 주장도 있다. 그러나 한국은 「핵무기의 비확산에 관한 조약」(NPT)에 가입해 있고, 그 조약 당사국으로서 의무를 성실히 이행하는 것이 한반도 평화보장과 비핵지대화를 실현할 수 있는 방법이다. 셋째, 동맹국인 미국은 한국의 핵무장을 종국적으로 반대하지 않을 것이고, 미국이 주도하는 국제사회는 한국을 이해하게 될 것이며, 북한이나 이란의 핵개발처럼 제재를 하지는 않을 것이라는 주장이다. 그러나 한국이 NPT를 탈퇴하고 핵개발을 시도하면 NPT 유지에 사활을 걸고 있는 미국으로서는 한국의 핵무장을 수용할 수 없고 유엔 제재라는 길로 갈 수밖에 없도록 할 것이다.(성상희, 위의 글)

여야 한다. 이에 대해서는 남북한이 여러 차례 합의한 바 있는 만큼 이전의 합의들을 약간만 다듬어 실천해도 될 것이다.

셋째로, 남북한 간에 화생무기와 중거리, 장거리 미사일 등의 대량살상무기와 재래식 전력에 대한 군비통제가 실천되어야 한다. 군비통제는 흔히 신뢰구축 조치 이후에 시간을 두고 실천할 과제로 여기는 경향이 있는데, 신뢰구축의 단계에서 '낮은 수준의 군비통제'라도 착수하지 않을 이유가 없다.

넷째로, 북·미, 북·일 관계정상화가 병행되어야 한다. 북·미관계의 정상화는 한국전쟁을 진정으로 끝내는 과정이고, 북·일관계의 정상화는 일제 강점기의 후과를 청산하는 과정이 될 것이다.

다섯째로, 한반도 평화체제의 구축이 순조롭기 위해서는 동북아 국가들의 이해와 역학관계를 감안하여 역내 다자안보협력을 병행해나갈 필요가 있다. 다자안보협력체제가 한반도 평화체제에 순기능으로 작용하도록 하면서 통일에 악영향을 미치지 않도록 하는 것이 중요하다.[37]

이러한 다섯 조건들 가운데 마지막을 제외한 네 가지는 유기적으로 연계되어 있어 어느 것 하나만 떼어내어 실천해서는 진정성 있게 평화체제에 접근할 수가 없다. 한반도 비핵화, 남북한의 실체 존중과 신뢰구축 조치, 남북한의 군비통제, 북·미, 북·일 관계 정상화 등이 거의 동시에 서로 맞물려 추진될 때 평화체제의 길에

---

37) 김재홍, 「한반도 평화체제 구축과 남북군비통제」,『주간국방논단』제1159호 (07-47) (국방연구원, 2007.11.19.), 3~4쪽.

정상적으로 들어설 수 있다.

이러한 과정이 일정하게 진행되면 한미동맹의 해체와 주한미군의 철수도 주요 현안으로 부상할 것이다. 남북한과 주변국들이 참여하는 다자안보협력체제가 설령 만들어지더라도 한반도에서의 동맹체제(한-미, 북-중)가 해체되지 않고서는 소기의 목적을 달성할 수 없다. 특히 정전협정을 평화협정으로 대체하는 과정에서 '종전선언'이 나올 수밖에 없을 터인데, 북한과 미국이 전쟁을 종결짓는 선언을 하고 관계정상화에 들어서면 한미동맹도 어떤 형태로든 변화에 직면하게 될 것이다.

평화체제 이행문제를 살펴보기 위해서는 우선 정부당국이나 전문가사회에서 제기되어온 평화체제 구축을 위한 접근법을 검토할 필요가 있다.

노무현 정부는 한반도 평화체제 구축을 위한 추진 원칙으로 ▲단계적, 점진적 추진 ▲평화체제 전환까지 정전체제 준수 ▲남북 당사자 원칙 등을 제시한 바 있다. 이것은 한반도 군사지형의 '급격한 변화'가 현실적으로 가능하지도 않고 바람직스럽지도 않다는 판단에 기초한 것이다.

노무현 정부는 단계적 추진원칙에 따라 ①북핵문제 해결과 평화 증진 가속화 ②남북협력 심화 및 평화체제 토대 마련 ③평화협정 체결 및 평화체제 완성 등 '3단계 평화체제 구축 로드맵'을 제시하였다. 당사자 원칙과 관련하여서는 남북한이 중심이 되어 평화협정 체결을 추진하고 주변국과 국제사회의 지지와 보장을 확보해야 한다는 입장이었다. 노무현 정부는 한 마디로 '선(先) 평화체제 여건 조성(북핵 해결, 군사적 긴장완화 및 신뢰구축), 후(後) 평화체제 제도화(평화협정 체결, 유엔사 해체, 주한미군 지위와 역할 변경)'의 입장이었다.

이에 반해 북한은 즉각적인 북·미 평화협정과 수교를 주장하였다. 즉 일단 제도(시스템)를 갖추면 적대관계가 해소되어 실질적인 평화도 자동적으로 정착된다는 입장이었던 것이다. 한국과 미국은 이러한 북한의 입장을 일관되게 반대해왔다.[38] 평화체제 구축의 로드맵에서 '점진주의'를 택하느냐, '단번도약'을 택하느냐는 매우 중대한 접근법의 차이이다. 한국의 전문가사회에서 제기된 거의 모든 로드맵은 점진주의에서 벗어나지 않는다.

한반도 평화체제를 구축해나가는 과정은 한반도 비핵화 및 남북 군비통제와의 상관성을 고려하여 대략적으로 ①평화체제 준비단계 ②평화체제 전환단계 ③평화체제 정착단계 등으로 구분한다.

첫째로, '평화체제 준비단계'는 평화체제로 전환하는 여건을 조성하기 위하여 가장 적합한 방안을 모색하고 이를 구현하기 위해 전(全)방위적으로 노력하는 과정이다. 이 단계에서는 남북한 간의 긴장완화 장치를 마련하여 우발적 무력충돌을 예방하고 초보적인 군사적 신뢰구축 조치를 심화 발전시킨다.

---

38) 조민·박형중·전봉근·이수석, 위의 책, 102~103쪽.

둘째로, '평화체제 전환단계'는 한반도 비핵화 조치의 완결과 북·미 및 북·일 관계정상화를 추진하여 한반도 냉전구조의 해체를 가시화시키는 과정이다. 이 단계에서는 남북한 간에 재래식 전력에 대한 '운용적' 군비통제가 추진되고, 북핵의 완전폐기 및 검증추진과 병행하여 국제사회의 대북 안전보장 제공, 미국의 대북 경제제재 해제 등의 상응한 조치가 이루어진다. 이러한 조치를 통해 남북한 및 관련국 간에 원만한 상황이 조성되면 한반도 평화체제의 구축을 위한 '평화선언'이나 '평화협정'의 체결이 추진된다.

셋째로, '평화체제 정착단계'는 한반도에 항구적인 평화상태가 지속될 수 있도록 제반 후속조치를 추진하는 단계로서, 실질적인 평화공존이 유지되는 가운데 남북 평화통일을 위한 정치, 경제, 사회공동체 형성 등 여러 분야의 통합을 모색하는 과정이다. 이 단계에서는 정전협정 관리기구를 대체하는 평화관리기구를 운영하고 공고한 평화상태 유지를 위해 국제적 보장은 물론 남북한 간에 '구조적' 군비통제를 추진하여 군사적 안정성을 확보함으로써 평화공존을 제도화하게 된다.[39]

그런데 실행과정에서는 평화체제의 '준비-전환-정착'이라는 점진주의가 그대로 이행될 것 같지는 않다. 이를테면 군사적 신뢰구축 조치와 '운용적 군비통제'는 얼마든지 겹쳐서 진행될 수 있고, 정전협정 관리기구를 대체하는 평화관리기구는 '전환'단계에서

---

39) 김재홍, 위의 논문, 4~5쪽.

<表 12> 한반도 평화체제 구축 로드맵 설계

구 분	평화체제 구축		한반도 비핵화	최종상태
	정치외교분야	군사분야		
평화체제 준비단계	- 한반도 평화포럼 가동 - 동북아 다자안보 협력 추진 논의	- 남북군사회담 정례화 - 남북군사책임자간 직통전화 운용 - 남북 군인사 교류 - 남북 군사훈련 통보/참관	- 북한 핵시설 동결 및 사찰 - 북한 핵폐기 선언 - 북한의 NPT 및 IAEA 복귀	- 우발적 무력충돌 예방 - 군사적 신뢰구축 조치 심화 발전
평화체제 잔환단계	- 남북정상회담 정례화 - 동북아 다자안보 협력대화 가동 - 북·미, 북·일관계 정상화 - 한반도 평화구축 관련국 공동선언 또는 '평화협정' 체결	- 남북 대규모 훈련 제한 - 남북 대규모 부대 이동 통제 - 평화관리기구 설치 논의	- 북한 핵무기/시설 해체, 핵물질 반출 - 비핵화 조치 검증 - 대북 상응조치 추진	- 군사적 신뢰구축 조치 제도화 - 재래식 전력 '운용적' 군비통제 추진 - 한반도 비핵화 완결
평화체제 정착단계	- 남북 공동체 형성 - 동북아 다자안보 협력체제 확립	- 한반도 평화관리 기구 가동 - 남북 공격형부대 배치 제한 및 후방 이동 - 남북 공격형무기 감축 - 남북 상비동원 병력 감축 - 주한미군 역할 조정 - 통일한국 군사력 조정		- 재래식 전력 '구조적' 군비통제 추진 - 실질적 평화공존 유지

[출처] 김재홍, 「한반도 평화체제 구축과 남북군비통제」, 『주간국방논단』 제1159호(07-47) (국방연구원, 2007.11.19.), 5쪽.

실행할 수도 있으며, 무엇보다도 북핵의 완전폐기가 한반도 비핵화와 맞물리기 때문에 '정착'단계에서 실행될 수도 있다. 한국 사회에 만연해 있는 점진주의에서 벗어날 때 오히려 남북한의 합의를 도출하기가 더 쉬울 수도 있다. 따라서 평화체제로의 '단번도약'을 도외시해서는 안 될 것이다.

그렇다고 해서 평화체제 로드맵의 단계론적 접근을 아예 무시할 수는 없을 것이다. 평화체제 구축의 실행과정은 어떤 형식이든 일정한 정도의 단계론적 접근을 피할 수 없기 때문이다. 이 점을 감안하여 단계론적 접근을 하나 더 살펴보기로 한다.

평화체제의 로드맵으로 ①협상 틀 구성(제1단계) ②핵폐기 이행과 평화협정 추진(제2단계) ③핵폐기 완료와 한반도 평화체제 수립(제3단계) 등을 제시하는 경우이다.

제1단계는 한반도 평화체제에 관한 논의를 위한 여건 조성과 우호적 분위기 형성의 단계, 북한의 핵무기비확산조약(NPT) 복귀 및 국제원자력기구(IAEA) 사찰 수용과 함께 북·미 관계개선을 위한 접촉이 이루어지는 단계로 볼 수 있다. 이 단계에서는 남북정상회담이 추진되고 남북한 군사적 신뢰 구축을 위한 구체적 조치가 이루어져 한반도 평화포럼을 위한 국내외적인 여건이 조성된다.

이 단계에서 평화협정을 위한 한반도 평화포럼의 구성이 중요하다. 미국은 평화포럼에서 북한의 핵폐기가 완료되면 북·미관계 정상화가 이루어지게 된다는 점을 약속하여야 한다. 평화체제의 일차적 당사자는 남북한이지만 미국과 중국이 정전협정의 실질적 당사자였다는 사실, 남북한과 미국, 중국이 참가한 4자회담이 이미 운영되었던 경험 등을 고려하면 한반도 평화포럼은 '2+2'의 4자회담 형식으로 추진될 가능성이 크다. 러시아와 일본은 평화포

럼에서는 배제되더라도 6자회담에서 한반도 평화협정의 '국제적 보장자'로서 역할하게 될 것이다.[40]

제2단계에서는 북한의 핵사찰 수용과 핵폐기 이행에 상응하여 남북한 군사회담과 한반도 평화포럼에서 평화협정 체결의 방식과 내용에 대한 실질적 논의를 진행하게 된다. 이 단계에서 북한의 핵폐기를 위한 이행계획 실천으로 초기준비→전면동결→완전폐기의 단계로 나아가면서 그에 상응하는 사찰과 검증이 함께 진행된다. 남북 간에는 전쟁의 종결 선언과 경계선 확정, 남북기본합의서 이행, 평화보장관리기구의 구성과 운영, 비무장지대의 평화지대화로의 전환 등을 협의하고 실천하게 된다. 한반도 평화포럼에서는 평화체제 전환의 기본방향과 절차에 대한 합의를 도출하고, 핵폐기의 진전에 따라 경제, 안보 차원의 대북 보상책을 마련해야 한다. 이 단계에서 북한은 북·미 평화협정 체결을 거듭 주장할 것이다.

이 단계의 마지막에 이르러 평화포럼 틀 안에서 평화협정이 체결되어 정전협정 폐기와 한반도 평화체제가 선언된다. 평화보장관리기구의 구성과 운영이 시작되면서 유엔사령부는 자동적으로 해체된다. 통일문제 논의는 제2단계의 초입에 시작된다. 이를테면 '남북통일협의회' 같은 협의체를 구성하여 6·15공동선언, 10·4선언의 합의사항을 재확인하고 통일문제를 체계적으로 논의하게

---

40) 조민, 『한반도 평화체제 구축과 통일 전망』(서울: 통일연구원, 2005년), 63~64쪽.

된다.41)

제3단계는 한반도 비핵화 달성과 함께 평화포럼과 6자회담에서 국제적인 보장방안과 평화체제 관리방안 등이 마련되어 대북 안전보장 체제가 완성되는 시기이다. 한반도의 '공고한 평화상태'의 유지를 위해 이미 앞 단계에서 합의된 '평화보장관리기구'를 작동시키면서 평화협정의 합의사항을 심도 있게 이행해 나간다. 남북 협상과 평화포럼 틀에서 만들어진 평화협정의 내용 가운데 남북한 군축과 주한미군 철수 등의 실천 조치가 부각되고, 한미동맹체제의 변화도 수반된다. 보수적 전문가들은 한미동맹이 해체되어서는 안 되고 포괄적 안보협력을 지향하는 '포괄적 동맹'으로 바뀌게 될 것이라고 주장한다.

남북 간, 다자 간 평화협정 체결을 통해 한반도 평화체제가 법적, 제도적으로 보장되면 비로소 '평화체제 단계'라고 할 수 있다. 통일문제는 세부적인 여러 단계를 포함한 제2단계를 거치는 동안 동북아 국제질서의 안정적인 발전과 남북관계의 질적 변화에 따라 상당한 협의가 이루어진 상태가 된다. 이에 따라 이 단계의 초입에 통일의 방법과 절차 등에 대해 높은 수준의 합의가 마련될 것이다.42) 그렇게 되려면 '연합연방제' 통일방안을 진지하게 검토하고 세부 지침을 만들어나가는 것이 바람직하다.

그밖에 평화체제 로드맵의 단계론적 접근에서 참고할 만한 것

---

41) 같은 책, 65~67쪽.
42) 같은 책, 67~68쪽.

으로는 미국의 한반도 전문가 리온 시걸(Leon Sigal)이 제시한 사례를 들 수 있다. 그의 단계론적 접근은 국내 전문가사회의 그것과는 약간 달리 현실적 상황을 반영한 것이기에 때문에 참고할 만하다.

"평화조약이 정치적으로 유효하기 위해서는, 육지와 바다에서 경계선을 확립하고 외교와 경제협력관계를 정상화해야 한다. 군사적으로는, 비무장지대 양쪽에서 우발적인 전쟁 발발의 위험이 내포된 군사태세와 전쟁 계획을 변경해야 한다. 여기에는 북한이 전진 배치한 포와 단거리 미사일을 서울이 사정거리에서 벗어나도록 후방으로 재배치해야 하는 북한 지도부의 결단이 필요하다.

더욱 건설적인 정치적 환경이 없다면 평화협정은 체결되기 어렵다. 평화협정 체결을 위한 하나의 방법은 평화 프로세스인데, 협정 체결을 위한 디딤돌로 일련의 잠정적 평화협정을 진행하는 것이다. 한국과 미국이 모두 서명국으로 참여하게 될 이 협정에서는 조선민주주의인민공화국 주권의 인정이 수반된다.

첫 번째 단계는 한때 남한정부가 발표한 '평화선언'일 수 있다. 남한, 미국, 북한, 중국, 일본 및 러시아가 서명하는 이 선언서는 2000년 10월 12일 조선민주주의인민공화국과 미국이 발표한 공동 선언문에 적시된 '어떤 정부도 상대 정부에 대해 적의를 가지지 않는다'와 '과거의 적대관계를 해소하고 새로운 관계의 구축을 위해 향후 양국 정부는 모든 노력을 기울인다'라는 선언을 상기시킴으로써, 적대관계의 종결을 선언할 수 있을 것이다.

이러한 평화선언은 3개 당사국이 평화 프로세스를 진행시킴으로써 종국에는 평화협정의 체결을 추동 할 것이다. 이 평화선언은

6자 외교장관 회의에서 논의 될 수 있을 것이다.

북한당국이 오랫동안 모색해 온 두 번째 단계는 한국전쟁이 종전되었을 때 교전의 감시를 위해 설립된 정전위원회를 대신하는 '평화 메커니즘'을 구축하는 것이다. 이러한 평화 메커니즘에는 한반도에 군사력을 보유한 남한, 북한 및 미국 등 3개 당사국이 포함될 것이다. 평화협정의 서명국일 수 있는 중국도 참여할 수 있을 것이다.

평화 메커니즘은 구체적인 신뢰구축 수단에 대한 일련의 합의내용을 협상하는 공간으로 활용될 수 있다. 서해의 공동어로구역을 한 예로 들 수 있다. 해군 간 신뢰구축 수단으로 '해상통항규범'과 해군 간 핫라인 설치를 추진해 볼 만하다. 위성정찰 능력이 없는 북한은 남한에 간첩을 침투시킴으로써 감시활동을 수행해 오고 있다. 비무장지대에서 양측의 정찰 비행을 허용하는 '항공개방' 협정이 그러한 위험을 줄일 수 있을 것이다.

2000년 10월 김정일은 중거리 및 장거리 미사일의 수출, 생산 및 전개의 종료를 제시한 바 있다. 그에 대한 보상으로 김정일은 여타의 보상과 함께 미국이 북한의 위성을 발사해 주길 원했다. 보다 확장된 협의를 통해 미국이나 일본 정찰 위성에서 실시간으로 데이터를 다운로드 할 수 있는 남북한 감시 센터도 설립할 수 있을 것이다. 대신 북한은 단계적으로 핵과 미사일 시설에 대한 영구적인 폐기를 수행해야 할 것이다."[43]

---

43) 리온 시걸, 「북핵문제 해결과 한반도 평화체제 구상」, 『한반도 평화체제와 서해 평화의 섬』(10·4 남북정상선언 4주년 국제학술회의), 23~24쪽.

2. 평화체제의 시나리오

1) 선 비핵화, 후 평화협정

'선 비핵화, 후 평화협정'의 구도는 한반도 비핵화를 먼저 달성하고 한반도와 동북아의 냉전구조를 해체하여 평화체제의 조건이 성숙된 다음에 '남북평화협정'을 체결하려는 접근법이다. 이 시나리오에서는 평화협정이 동북아와 한반도 냉전구조가 완전히 해체된 이후에나 추진될 수 있다.

한국 국가안전보장회의(NSC) 사무처에서 공개한 '평화체제의 단계별 추진전략'에서는 세 단계로 설명한다. 제1단계에서 북핵 문제의 해결을 모색하면서 초보적 군사적 신뢰구축 등 평화체제의 토대를 마련한다. 제2단계에서 핵문제 해결 이행으로 사실상 해결 단계에 들어서면서 군사적 신뢰구축 조치와 평화체제의 구축을 위한 구체적인 조치를 취한다. 제3단계에서는 평화협정을 체결하고 군비통제를 단계적으로 추진한다. 이 시나리오는 한반도 평화체제와 평화협정에 대한 한국 정부와 미국의 기존 입장과 일치한다.[44]

제1단계의 목표는 '원칙 선언문'을 통해 이미 달성되었다. 북한은 모든 핵무기와 현존하는 핵 프로그램을 포기하고 그 대가로 미국을 비롯한 5개국은 북한에 에너지를 제공하고, 별도로 미국이 대북 핵, 재래식 무기로 공격 및 침공하지 않는다는 안전보장 약속을 해주었다.

제2단계의 목표는 6자회담, 4자회담 또는 3자회담과 남북대화, 북·미, 북·일 수교협상 등 다양한 다자회담과 양자회담을 통해 한반도 비핵화 뿐 아니라 한반도 평화체제, 동북아와 한반도의 냉전구조 해체 작업을 본격적으로 진행하는 데 있다.

제3단계의 목표는 한반도 비핵화를 이룩하고 교차승인 구도와 다자안보 틀을 만들어 동북아 냉전구도를 해체하고 한미동맹 재정의와 남북평화협정 체결로 평화체제를 완성하는 데 있다. 한반도 비핵화를 위해 핵관련 시설을 해체하고 핵물질이나 핵무기를 반출한다. 비핵화가 완료됨과 동시에 북·일, 북·미수교가 이루어져 교차승인 구도가 완성되면서 동북아 냉전구조가 형식적이나마 해체된다.

유엔사를 해체한 뒤 한·미 양국은 한·미 신(新)안보공동선언을

---

44) 조성렬, 『한반도 비핵화와 평화체제 구축의 로드맵: '6자회담 공동성명' 이후의 과제』, KINU 정책연구시리즈 2005-05(통일연구원), 14~15쪽.

구분	한반도 비핵화	평화체제 구축	
		동북아 차원	한반도 차원
1단계	[원칙 선언문 채택] - 북한, 모든 핵무기, 핵 프로그램 포기 - 5개국의 대북 에너지 제공 - 미국의 대북 핵, 재래식 무기 선제불사용 확인 - 한·미, 한국내 핵무기 부재 확인	[관계정상화 공약] - 북·일 관계정상화 약속 - 북·미 관계정상화 약속 [다자안보대화 공약] - 동북아 다자안보 틀 마 련약속	[평화체제 공약] - 한반도 평화체제 논의약속 직접 관련당사자로 별도 포럼 구성 약속
2단계	[이행계획 실천] - 초기준비단계 - 전면동결단계 사찰, 검증 경제, 안보적 보상책 마련 - 완전폐기단계	[교차승인 완성 추진] - 북·일 수교협상 구체화 - 북·미 수교협상 개시 [다자안보대화 시작] - 동북아 다자안보대화 개 시 6자회담 사무국 설치	[평화체제 기반조성] - 남북 군사회담 정례화 신뢰구축 및 군비통제 본격 논의 - 남북평화선언 채택 [동맹재조정 논의] - 미래 한미동맹청사진 합의 (SPI회의 및 SCM)
3단계	[한반도 비핵화 달성] - 핵관련 시설 해체 및 핵무기/핵물질 반출 - 대북 안전보장체제의 완성	[교차승인 구도 완성] - 북·일 관계정상화 - 북·미 관계정상화 [다자안보 틀 형성] - 6자회담 사무국 설치 의제 및 산하기구 논의	[한미동맹 재정의] - 한·미 신안보공동선언 유엔사 해체 전시작전통제권 환수 [평화체제 전환] - 남북평화협정 체결 평화보장관리기구 설립 군비통제 실현 - 미·중의 서명 또는 추인 ※ 북·미 '전쟁종결선언' 가능

[출처] 조성렬, 『한반도 비핵화와 평화체제 구축의 로드맵: '6자회담 공동성명' 이후의 과제』, KINU 정책연구시리즈 2005-05(통일연구원), 18쪽.

통해 주한미군은 대북 억제 역할이 아니라 국제사회의 각종 위협 요인에 대처하는 역할을 한다고 천명하게 된다. 이렇게 되면 북한 이 요구해온 대북 평화보장체제가 완성되고 동북아시아는 평화와 안정의 신질서로 이행한다. 이상의 '선 비핵화 후 평화체제'의 로드맵을 나타낸 것이 〈표 13〉이다.[45)]

2) 선 평화협정, 후 비핵화

'선 평화협정, 후 비핵화'의 구도는 한반도 비핵화와 냉전구조의 해체를 촉진하기 위한 수단으로 평화협정의 체결을 먼저 고려하는 방안이다. 평화협정의 조기 체결을 통해 남북관계를 법적으로 규정함으로써 남북 간의 평화 상태를 회복하고 정치, 군사적 신뢰를 더욱 공고히 하고자 한다. 1992년 남북기본합의서 채택이나 2000년 6·15공동선언과 같이 남북 최고지도자들의 결단에 따라 합의가 이뤄진 실제 사례가 있다. 평화협정의 체결이 쉬운 일은 아니지만 일단 체결되면 협정의 내용을 강제하는 효과가 생길 것이다. 평화협정을 체결한 뒤에 신뢰구축 조치나 군비통제 협상이 추진될 수 있다는 것이다.[46)]

제1단계의 목표는 '선 비핵화' 시나리오와 마찬가지로 '원칙 선언문'의 채택을 통해 달성되었다. 9·19공동성명에서 6개국은 북한이 안전보장을 담보로 핵무기와 현존 핵 프로그램을 포기하고 북·일, 북·미 수교협상을 통해 교차승인을 완성함으로써 동북아

---

45) 같은 논문, 15~17쪽.
46) 같은 논문, 19~20쪽.

냉전구조에서 벗어날 수 있도록 원칙적인 합의를 이루었다.

제2단계의 목표는 '선 비핵화' 시나리오와 확연히 구분된다. '선 평화협정' 시나리오에서는 남북한과 미국, 중국 등이 4자회담을 열어 평화체제 전환의 당사자, 시기와 형식 등에 대한 원칙과 방향을 담은 '4자 공동선언'을 도출하는 것을 목표로 삼는다. 4자회담의 결과를 바탕으로 평화협정을 체결한다. 제2단계의 마지막에 정전체제를 평화체제로 공식 전환할 것을 목표로 삼는다. 기본적으로는 '2+2' 구도를 실현하는데 중점을 두지만 논의의 진전 과정에서 북·미 평화협정 문제가 북·미 관계개선의 일환으로 검토될 경우 남북-북·미의 '복(復)2자방식'이나 남북한과 미국의 '3자방식'이 채택될 수도 있다.

정전체제가 평화체제로 전환되고 새로운 평화보장 관리기구가 설치되면 그동안 정전관리 임무를 담당해오던 유엔사령부의 해체가 불가피하다.

다음으로 남북대화와 4자회담에서의 의견조율에 의해 남북평화협정의 내용과 평화보장관리기구의 참가국 문제를 검토한다. 끝으로 4자회담에서 정전협정의 폐기와 평화체제로의 전환을 공식 선언한다.

제3단계의 목표는 북한의 핵폐기 완료로 한반도의 비핵화를 구현하고 평화협정의 이행과 평화보장관리기구를 유지, 정착시켜 항구적인 평화제도를 정착시키는데 둔다. 남북 군사회담에서 수도권 안보문제를 비롯한 '운용적' 군비통제를 실현한다. 북한과

〈표 14〉 '선 평화협정, 후 비핵화'의 로드맵

구분	한반도 비핵화	평화협정 체결
1단계	[원칙선언문 채택] - 북한, 모든 핵무기, 핵 프로그램 포기 - 5개국의 대북 에너지 제공 - 미국의 대북 핵, 재래식 무기 선제불사용 확인	[실질 논의기반 확보(6자회담, 남북대화)] - 북핵문제 해결 원칙적 합의 관련 당사국 간 평화체제 논의 합의 - 평화체제 구축에 대한 우호적 환경 조성 남북장관급회담, APEC 정상회의 등 계기 활용 - 한반도 정전체제 변화과정 대비 (평화체제 관련) 한·미 고위급 대화채널 유지
2단계	[이행계획 실천] - 초기준비단계 - 전면동결단계 사찰, 검증 경제, 안보적 보상책 마련 - 완전폐기단계	[포괄적 합의(4자회담)] - 평화체제 전환 원칙 및 기본방향 합의 4자회담을 통해 평화체제 전환 ▲당사자 ▲시기 ▲형식 등을 담은 「4자 공동선언」 도출 [평화협정 협의, 체결(남북협상)] - (남북 평화협정 시) 남북 협의 의제 전쟁의 법적 종결 및 경계선 설정 남북 기본합의서 이행문제 남북평화보장기구 구성, 운영문제 비무장지대의 평화지대로의 발전 등 - (평화협정에 미국 참여시) 북·미 협의 의제 평시상태 회복에 따른 관계정립 문제 상호 관계개선을 위한 조치 등 [평화체제 공식전환(4자회담)] - 정전협정 폐기 및 평화체제 전환 공식 선언 평화보장관리기구 구성, 운영 UNC 해체 및 전시작전통제권 문제 해소
3단계	[한반도 비핵화 달성] - 핵관련 시설 해체 및 핵무기/핵물질 반출 - 대북 안전보장체제의 완성	[항구적 평화정착 실현] - 평화보장관리기구의 유지, 정착 - 한반도 비핵화 실현 - 남북 간 기본합의서 이행 - 북·미, 북·일 관계정상화

[출처] 조성렬, 『한반도 비핵화와 평화체제 구축의 로드맵: '6자회담 공동성명' 이후의 과제』,
KINU 정책연구시리즈 2005-05(통일연구원), 22쪽.

미국, 일본 간의 관계정상화를 촉진하여 북한이 국제사회에 적극적으로 나오도록 한다. 나아가 6자회담을 동북아 안보협력대화로 발전시키고 지역 내 신뢰안보구축조치(CSBM, Confidence Security Building Measures)를 도입하도록 한다. 이상의 '선 평화협정, 후 비핵화'의 로드맵을 나타낸 것이 〈표 14〉이다.[47]

이상의 시나리오 가운데 전문가사회는 한국과 미국 정부가 선호하는 '선 비핵화'에 기우는 경향을 보인다. 그러나 그 순서를 바꾸어 '선 평화협정'를 추진하거나 한반도 비핵화와 평화협정을 동시 진행하는 방안을 진지하게 고려할 때가 되었다. 이명박-박근혜 정부 기간에 '한반도 비핵화'문제에 아무런 성과를 내지 못했기 때문이다. 평화협정과 한반도비핵화가 동전의 양면처럼 함께 추진되어야 두 가지 문제 모두 해결될 수밖에 없는 환경이 조성돼 있는 것이다.

3) 평화협정(안)과 평화체제의 회담 틀

평화협정이 체결되면 한반도에서 지각변동이 일어날 뿐 아니라 동북아 질서의 근본적인 변화가 시작될 것이다. 그 변화는 넓고도 심대할 것으로 예상된다. 평화협정의 체결은 북·미관계 개선, 주한미군 철수, 비무장지대(DMZ)를 관리할 평화관리기구 구성, 군

---

47) 같은 논문, 20~21쪽.

비축소 등 일찍이 경험하지 못한 파도를 몰아 올 것이다. 평화협정은 평화체제 구축을 위한 법적, 제도적 환경을 조성할 것이기 때문에 '공고한 평화상태'를 앞당길 것이다. 이 점을 감안하면서 국내에서 제기되어온 평화협정(안)을 몇 가지 살펴보는 것이 필요할 것 같다. 전문가들의 평화협정(안)에 유사성과 중복감이 있지만 각기 나름의 논리체계가 있다고 판단되므로 그 핵심을 소개한다.

◎ 조민 통일연구원 연구위원의 평화협정(안)

"평화협정은 남북기본합의서의 '남북불가침' 조항의 내용을 국제질서와 남북관계의 변화된 상황을 충분히 고려하면서 접근하는 것이 바람직하다. 평화협정에는 평화에 대한 원칙적 입장이 천명되어야 한다.

이를 위해 첫째, 남북한은 '한반도에서 어떠한 형태의 전쟁도 반대한다'는 「평화선언」이 대내외적으로 천명되어야 한다. 둘째, 남한과 북한은 상대방에 대하여 무력을 사용하지 않으며 상대방을 무력으로 침략하지 아니한다는 원칙의 천명으로, 이는 「남북기본합의서」의 '남북불가침' 조항의 재확인이라 할 수 있다. 셋째, 통일문제의 자주적 해결 원칙의 천명이다. 모든 형태의 전쟁 절대 반대, 남북불가침, 그리고 통일에의 의지 등을 평화협정의 원칙으로 삼아 협정에 담을 내용을 다양하게 검토할 수 있다.

①「남북기본합의서」 및 「남북공동선언」의 합의 정신과 평화의지 확인 ②남북한 특수관계의 인정, 존중 ③정전상태의 법적 종결 및 평화 회복 ④전쟁관련 과거사 정리(모든 법적 책임 불문 선언) ⑤불가침 경계선 설정 및 현 군사분계선의 불가침 경계선으로의 대

체 ⑥우발적 무력충돌 방지와 해결방법, 남북한 상호 정보교환 및 군 인사 교류 등 군사적 신뢰구축조치 ⑦비무장지대의 평화지대화 및 평화적 이용 추진 ⑧통행, 통신, 통상 분야의 포괄적 남북협력 원칙 천명 ⑨평화협정의 이행, 실천을 관리하고 통제할 수 있는 평화관리기구의 설치 및 구성 등에 대해 협의할 수 있을 것이다.

평화관리기구는 비무장지대에 설치하되 구성은 남북한 군 관련 인사를 중심으로 구성하되 국제적 보장을 서명한 서명국의 대표를 참여시키는 방안이 바림직하다. '평화관리기구'에는 세계적 추세인 시민사회의 평화에의 의지와 역량 등을 고려하여 남북한과 국제사회에서 평화운동이나 평화사상을 대변하는 일정한 수의 민간인의 참여도 고려해야 한다."48)

◎ 박명림 연세대학교 교수의 평화협정(안)

"평화협정안은 ▲제1장 전쟁 종결과 평화의 수립 ▲제2장 일반원칙 ▲제3장 경계선, 관할 구역 및 불가침 경계 ▲제4장 평화지대의 설치 ▲제5장 무력 불사용 및 위협 포기 ▲제6장 평화관리기구 ▲제7장 군비통제 및 군축 ▲제8장 핵 및 대량살상무기의 포기 ▲제9장 전쟁과 정전상태의 종결에 따르는 전후 처리 ▲제10장 타 조약 및 법률과의 관계 ▲제11장 협정이행과 통일을 위한 기구와 대표의 설치 ▲제12장 한반도 평화협정의 국제적 보장 ▲제13장 발효 등으로 구성되어야 한다. 협정의 일반원칙으로 인간존중, 체제인정, 내정불간섭, 무력사용 금지, 침략전쟁 포기 및 참여 금지, 분쟁의 평화적 해결 등을 고려해야 한다."49)

---

48) 조민, 위의 책, 77~79쪽.
49) 박명림, 「남북평화협정과 한반도 평화: 잠정 초안의 원칙, 내용, 비전」, 『민주

◎ 조성렬 국가안보전략연구소 연구위원의 평화협정(안)

　"남·북·미·중 4개국이 참여해 한국전쟁의 종전을 선언하고 평화관리 방안을 담은 한반도평화기본협정'을 체결하여야 한다. 남북한, 미북 간의 두 부속협정으로 구성한다. 기본 협정은 총 5장으로 ▲전쟁종료 ▲한반도 비핵화 ▲평화관리방안 ▲다른 조약과의 관계 ▲부칙 등 조항으로 구성한다.

　남북 간 부속협정은 ▲통일 노력 ▲불가침 ▲군비통제 ▲정상회담의 정례화 등 11개 조항, 북·미 간 부속협정은 ▲평화공존 ▲국교정상화 ▲주한미군 등 6개 조항으로 각각 구성한다. 그리고 남북·미 3자에 의한 종전선언 채택→ 종전협정 체결→ 한반도 비핵화의 중간단계 조치의 마무리 등의 절차를 밟는 것을 상정한다.

　특히 ▲서부 북방한계선(NLL) 유지 및 공동어로구역 설정 ▲유엔사의 기능 전환 ▲국가보안법, 노동당 규약 개폐 등을 거쳐 평화협정을 체결하고, 평화 프로세스를 유지하는 모멘텀을 발전시켜 평화체제를 구축하여야 한다."[50]

◎ 강정구 동국대학교 교수의 평화협정(안)

　"주한미군 철수와 북핵 폐기, 남북 평화군축을 평화협정이라는 틀 안에서 상호 연동하여 해결하여야 한다. 한국전쟁의 완전 종료 확인, 군사정전협정의 평화협정으로의 대체 규정을 포함시키자는 것이다. ▲전문 ▲1장 한(조선)민족의 기본권리 ▲2장 전쟁종료와 국제연합군사령부 해체 및 외국군 철수 ▲3장 조선민주주의인민공화국과 미합중국 사이의 관계 정상화와 불가침 ▲4장 남북(북

　법학』, 제25호 (2004년), 289~295쪽.
50) 조성렬, 『한반도 평화체제』, 푸른나무, 2007년, 437~445쪽.

남) 불가침과 경계선 ▲5장 평화지대와 군사적 신뢰구축 및 군축 ▲6장 평화협정의 이행을 위한 공동위원회 ▲7장 국제평화감시단 ▲8장 한(조선)반도 통일 ▲9장 부칙 등을 담은 포괄적인 기본협정을 구상하여야 한다. 그리고 조항의 이행에 관한 별도의 부속합의서를 만들어야 한다."51)

◎ 민주노동당 새세상연구소의 평화협정(안)

"남북, 미·중 4자가 참여하는 평화협정 체결을 위한 회담을 구성하여 평화협정을 체결하자는 방안이다. 평화협정의 주요 내용에는 ①종전선언(3자 또는 4자 정상의 종전선언) ②유엔사 해체 ③한미동맹, 북·중동맹의 해체(상호주의적 해체와 외국군대의 철수 시기와 방법 명문화) ④여러 가지 전후처리 문제(서해상의 해상분계선 문제, 비무장지대 처리 합의 등) ⑤남북관계 개선과 평화통일 추진 조항 ⑥남북, 미·중 4자의 상호불가침과 동북아 다자안보협력 노력 ⑦평화관리 및 보장 방법(평화협정 이행을 위한 공동위원회, 남북평화관리위원회 등 기구 설치) 등이 포함되어야 한다."52)

◎ '평화와 통일을 여는 사람들'의 평화협정(안)

"미국이 대북 핵선제공격을 공언하고 핵우산을 남쪽에 제공하고 있으며 그에 대한 대응으로 북이 핵무기를 실험, 보유하고 있는 조건에서 평화협정의 주요 임무 가운데 하나는 우리 민족이 핵전

---

51) 평화·통일연구소, 한미관계연구회, 『주한미군 내보내는 한반도 평화협정(시안) 토론회 자료집』(2008. 1.17. 변호사회관), 4~11쪽.
52) 새세상연구소, 『평화강조: 배우는 평화, 평화의 길찾기』(2010년), 153~156쪽.

쟁 공포에서 벗어나도록 하는 것이다.

이에 평화협정안은 한반도 비핵화(핵우산 제공 금지 포함)를 주요 내용의 하나로 담아야 한다. 북쪽 핵 문제의 해결(북 핵무기 포기를 포함)을 위해서는 미국의 대북 적대정책의 폐지(북·미관계 정상화)가 이뤄져야 하고 대북 핵 위협 및 사용 포기, 대북 불가침에 관한 제도적 보장이 요구된다. 또 북은 에너지개발(핵의 평화적 이용) 차원에서도 핵시설을 가동하고 있기 때문에 북쪽 핵문제의 해결과정에서 핵에너지와 관련된 북의 권리를 존중하고 그에 대한 합당한 대안조치(경수로 건설 등)를 보장해 주어야 한다.

평화협정안은 북·미 간 평화회복을 위한 필수적인 요건(미국의 대북 적대정책 폐기, 북·미관계 정상화, 무력불사용 원칙 천명, 핵우산 제공 금지, 주한미군 철수, 북 핵무기 포기 등)을 담아야 한다. 아울러 한반도 비핵화는 동북아시아 비핵지대화와 병행될 때 국민적 설득력과 명분도 더욱 갖게 되고 명실상부한 의미를 지닐 수 있다는 점에서 평화협정 당사국들로 하여금 동북아시아 비핵지대화를 위한 노력 의무를 규정하여야 한다."[53]

한편, 한반도 평화체제는 3개의 회담 틀에서 논의될 수 있다. 첫째로, 한반도 평화포럼에서 한반도 평화협정 방식, 내용, 평화체제 관리방안 등이 논의될 것이다. 9·19공동성명 4항에서는 "직접 관련 당사국들은 적절한 별도 포럼에서 한반도의 영구적 평화체제에 관한 협상"을 하도록 명시했다.

둘째로, 남북한 간에는 남북정상회담, 남북군사회담 등을 통해

---

53) 『평통사 자료집』, 21~22쪽.

한반도 평화체제 전환의 여건을 조성하는 한편, 남북한 군비통제 방안이 논의될 것이다.

셋째로, 6자회담에서는 한반도 평화체제의 국제적 보장방안이 논의될 것이다. 9·19공동성명의 이행방안(3단계)을 참고할 때 한반도 평화체제도 3단계에 걸쳐서 추진될 수 있다. 다만 한반도 평화체제가 북핵문제의 해결 및 북·미관계 정상화와 조응하지 않을 가능성도 있다.

북핵폐기 과정이 구체적 사항들을 기준으로 전개되는 반면, 한반도 평화포럼 구성 및 한반도 평화체제 논의는 지연될 수도 있다. 한반도 평화체제에 관한 3개의 협상 틀이 진행되는 상황에서 회의체 간의 유기적 연관성을 유지하기 어려운 측면, 즉 한 협상에서 차질이 빚어지면 전체적으로 조율하고 동시이행을 보장하기 어려운 점이 있다.[54]

한반도 평화포럼은 남북한과 미국, 중국의 4자로 구성될 가능성이 크다. 이 경우 북한이 대미협상에만 주안점을 두고 한국을 소외시킬 가능성이 있다. 회담의 운영방식으로는 전체회의 하에서 북·미회담, 남북회담, 미·중회담의 양자회담을 병행할 수 있다. 이럴 경우 4자회담 본회담에서 논의될 사항과 양자회담에서 논의될 사항을 구분할 것이다.[55]

---

54) 박종철, 「한반도 평화구상: 이론과 추진구도」, 『국제문제연구』 제11권 제1호 (통권, 2011년 봄, 국가안보전략연구소), 74-75쪽.
55) 같은 논문, 87쪽.

남북한은 남북군사회담 등을 통해 한반도 평화체제 구축의 여건을 조성하는 한편, 군비통제방안을 논의하여야 한다. 한반도 평화포럼에서는 한반도 평화협정의 방식, 내용, 평화체제의 관리방안 등이 논의되어야 한다. 6자회담에서는 한반도 평화체제의 국제적 보장방안이 논의되어야 한다. 한반도 평화체제 구축의 여건을 조성하기 위해서는 북·미대화에서 북·미관계 진전방안이 논의되어야 한다. 그리고 군비통제 및 군비축소는 평화를 보장하는 실질적 과정일 뿐 아니라 남북한의 과도한 군사비 지출을 줄이고 이것을 경제발전의 재원으로 활용할 수 있는 동력을 제공한다. 군비통제 및 군비축소를 실시하는 과정에서 북한에게 경제적 보상을 제공하게 될 것이다. 북한에게 군비통제 및 군비축소에 소요되는 비용을 지원하는 한편, 북한 군수산업의 민수전환 등을 통해서 군비축소가 북한의 경제발전으로 이어지도록 하여야 한다.[56]

---

56) 같은 논문, 87~88쪽.

3. 평화체제와 남북 군비통제, 군비축소

한반도 평화협정의 논의 과정에서 군비통제 문제도 중요한 과제로 부상할 것이다. 군비통제는 실현 불가능한 꿈이 아니다. 남북한은 이에 대하여 합의한 경험이 있다. 남북한은 1991년 12월 이후 남북기본합의서와 불가침부속합의서에서 무력사용 금지와 우발적 충돌방지, 그리고 5대 군사적 신뢰구축조치에 합의하였다.

5대 군사적 신뢰구축조치에는 대규모 부대이동과 군사연습의 통보 및 통제, 비무장지대(DMZ)의 평화적 이용, 군 인사교류 및 정보 교환, 대량살상무기와 공격능력의 제거 등 단계적 군축조치, 검증 등 실현 가능한 과제들이 포함되었다.

이러한 합의를 이행하기 위한 남북대화는 1993년에 '북핵문제'가 불거지면서 중단되었다. 그 뒤 남북한의 군사적 긴장완화와 군비통제는 물 건너가고 말았지만, 한반도 평화체제 구축의 초기 단계에서 이러한 신뢰구축조치는 다시 부상할 것이다. 평화체제가 평화협정 문서만으로는 실현될 수 없기 때문에 군사적 신뢰구축 조치들이 평화체제의 선결조건으로 되어야 한다.

군사적 신뢰구축을 위해서는 군비통제기구가 가동되어야 하고 다양한 차원의 군사회담이 추진되어야 한다. 군사회담에서 군사적 대치관계를 종식시키는 단계적 조치를 강구하고 이행 계획을 수립하게 될 것이다. 예를 들어 교류협력에 대한 군사적 보장, 육·해상의 우발적 무력충돌 방지, 군사분계선 지역에서의 선전활동 중지 및 선전수단 제거 등이 우선적으로 취할 수 있는 조치들이다.

다음으로 대규모 군사훈련과 부대이동 등 군사 활동의 상호통보, 국제군비통제기구 및 지역 안보체제의 조치 이행, 군 인사의 교환방문 및 국제회의 공동 참여 등을 추진할 수 있다. 군사력 및 방위예산의 공개, 군사당국 간 직통전화의 설치 등도 초보적인 군사신뢰조치이다.

초보적인 신뢰가 조성되면 전면적인 신뢰구축 조치와 군비통제 협의를 진행할 것이다. 전면적인 신뢰구축 조치의 시작 단계에서는 군사훈련의 상호 참관, 특정 군사력의 특정 배치 제한, 비무장지대의 비무장화 등을 실행할 수 있다. 이러한 조치들을 군비축소의 단계에 못 미치는 '운용적 군비통제'라고 한다. 운용적 군비통제는 군사력의 유지를 용인한 채 사용과 배치 운용 등을 규제하는 것이고, 평시의 무력충돌 가능성을 감소시키고 전쟁을 예방하며 기습공격의 가능성을 줄이면서 전쟁을 예방하는데 효과적이다.[57]

남북 간에 포괄적인 군비통제 조치가 실현될 때 한국정부가 생각하는 '남북연합'이나 북한이 생각하는 '낮은 단계의 연방'이 가능해질 것이다. 남북한의 군비통제는 남북연합의 성립을 위한 필수 요건으로 간주될 수 있다. 남북한은 연합연방제 통일과정에서 각기 국방권한을 보유하더라도 군사적 대결구조를 종식시키고 군비통제를 통해 군사적 균형과 안정을 유지하며 궁극적으로는 군축회담을 통해 군사력을 축소시켜야 할 것이다.[58]

그러나 남북한은 지금까지 군비통제에 관한 한 서로 다른 입장을 취해왔다. 한국은 유럽의 재래식 무기 감축협상을 참고하여 군비통제 조치들을 단계적, 점진적으로 추진할 것을 제안해왔다. 즉 한국은 군비통제를 ▲신뢰구축단계 ▲군비제한단계 ▲군비축소단계로 구분하여 단계별로 추진할 것을 제안하였고 군 인사 교류, 군 훈련연습의 사전 통보, 핫라인 설치 등과 같은 초보적인 신뢰구축에 초점을 두었다. 이것들은 초보적이고 운용적인 위기관리에 강조점을 둔 것이었다. 북한은 주한미군 철수, 연합훈련 중지, 무기반입 금지 등을 끈질기게 주장하고 병력 규모의 감축을 제기해왔다. 남북한은 남북기본합의서나 6·15공동선언에서 이러한 방안들에 합의한 바 있지만 이를 제대로 실행하지 못하는 한계가 있었다.

군비통제 합의가 실행되지 못한 것은 첫째로, 상당한 수준의 상

---

57) 조민·박형중·전봉근·이수석·같은 책, 112~113쪽.
58) 신정현, 「남북연합과 군비통제」, 신정현 외, 『국가연합 사례와 남북한 통일 과정』, 한울아카데미, 2004년, 369쪽.

〈표 15〉 남북한 군비통제 주장 및 합의사항

구 분		북 한	한 국	합의사항 (남북기본합의서)
군사 적 신뢰 구축	대규모 부대 이동과 군사훈련의 통보 및 통제	ㅇ연합(외국군) 또는 사단급 이상, DMZ 일대의 군사연습 금지	ㅇ사전 통보 및 참관 초청 의무화, 실무 위원회 구성	ㅇ대규모 부대 이동과 군사 연습의 통보 및 통제(12조) ㅇ무력사용 및 무력 침략 금지(12조)
	비무장 지대의 평화적 이용	ㅇ완전 비무장화, 콘크 리트 장벽 철거주장	ㅇ상호조사, 참관검증, 교통망 복원, 평화시 건설	ㅇ비무장 지대의 평화적이용(13조)
	군 인사교류	ㅇ부정적 입장	ㅇ군사협상 요원부터 단계 적 실시	ㅇ군인사교류(12조)
	정보교환	ㅇ원칙적 반대, 단군축 과 연계, 미군정보 요구	ㅇ불가침 보장과 관련된 정 보의 단계적 교환	ㅇ정보교환(12조)
	직통전화 설치 및 운영	ㅇ설치에 찬성하나 전화선만을 이용	ㅇ전신 및 팩스 등 다양한 통신수단 활용	ㅇ군사직통전화 설치(12조)
군비 축소		ㅇ남·북군사력 1만이하 감축 ㅇ외국으로부터의 새로 운 군사장비 도입 금지	ㅇ군사력 불균형 시정 ㅇ방어형 전력구조로 전환 ㅇ상호 동수보유원칙 적용, 동수균형감축 ㅇ상비 및 예비전력 감축 ㅇ최저 군사력 유지 수준은 통일국가의 군사력 감안, 협의 기습공격능력 제거 ㅇ핵·화학·생물무기 등 대 량 살상무기 금지	ㅇ대량 살상무기 제거 ㅇ기습공격능력 제거 ㅇ단계적 군축 ㅇ검증
평화 협정		ㅇ미·북 평화협정 체결	ㅇ남북간 평화협정 체결	
평 가		ㅇ주한미군, 유엔사 제 거 및 대남 군사력 우위 를 감안한 군축에 중점 ㅇ군사력 신뢰 구축에 대한소극적 태도	ㅇ군사적 투명성 제고를 위 한신뢰구축 위주 ㅇ군사력 불균형 시정 및 대량살상무기제거에 중점	ㅇ군사적 신뢰구축 및 군축문제를 포함한 광 범위한 내용

호불신과 적대감이 남아 있기 때문이다. 둘째로, 남북한은 군비통제에 대한 근본적인 인식 차이를 갖고 있다. 셋째로, 남북 쌍방 간에는 군사력 구조의 비대칭성이 존재하기 때문이다. 넷째로, 남북한은 군

비통제 방법이나 과정에 있어 지나치게 획일성을 취하고 있기 때문이다.

이러한 군비통제에 관한 남북한의 입장 차이에도 불구하고 앞으로 군비통제 조치들을 실천하여야 하고 그러자면 근본적인 태도 변화가 필요하다.

첫째로, 남북한은 군비통제에 대한 공통된 인식체계를 확립하여야 한다.59) 둘째로, 군비통제 협상이 남북한의 각 체제의 불안정성이나 위협을 가져와서는 안 되며, 그 협상은 관계개선을 용이하게 하고 각 군사체제를 안정화시키는데 기여하여야 한다.60)

셋째로, 북한은 군비통제에 소극적 태도를 견지해오고 국제적, 지역적 군비통제에 참여한 경우가 거의 없으며, 이 점이 남북 간의 군비통제 협상에서 장애요소가 될 수 있다.

넷째로, 국내 정치과정의 불안전성과 복잡성이 군비통제 협상

---

59) 군비통제 개념을 광의적, 포괄적으로 규정할 경우 그 속에 군축의 의미가 내포된 이상, 남북한은 군비통제에 대한 인식체계를 형성하는데 서로 공통점을 발견해낼 수 있다. 남북한이 '군사적 신뢰구축과 안정화, 군비감축도 포함하는 개념으로서의 군비통제'에 대한 공통된 인식체계를 수립하고 이에 대한 접근을 모색해야 할 것이다(같은 글, 405쪽).

60) 군비통제 협상이 어느 한쪽의 군사력을 취약하게 하거나 균형을 깨지게 할 경우 체제 안전을 위협하기 때문에 그 협상은 성과를 거두기 힘들다. 군비통제 협상은 군사적 균형 유지가 지속되는 범위 내에서 상호 간의 신뢰구축과 구조적 안정이 확보될 수 있도록 추진되어야 하고, 평화체제가 구축될 수 있도록 해야 할 것이다. 다만 군비통제 협상의 단계에서는 한미동맹체제는 협상의 대상에서 제외될 것이다. 한미동맹은 한·미 간의 쌍무관계에서 처리될 사안이기 때문이다(같은 글, 405~406쪽).

의 변수가 될 수 있다. 남북한이 열린 자세로 군비통제 협상을 진행한다면 군비통제가 '도달하지 못할 난제'는 아니다. 군비통제의 이행의 첫 단추는 남북 군사회담에서 어떠한 태도를 취하는가에 달려 있다.

한반도 평화체제를 위한 남북 군사회담은 먼 훗날의 일이 아니다. 남북대화의 재개, 특히 6·15공동선언과 10·4선언을 실천하려는 정책의지가 있다면 남북대화의 전반적인 틀 안에서 군사회담이 열릴 것이다. 남북 군사회담을 어떻게 끌어갈 것인가를 함께 생각해보자.

첫째로, 군사회담은 한반도 평화체제를 위한 장기적 협상과정이 되어야 하며, 이를 위해서는 회담의 지속성을 제도적으로 뒷받침할 수 있도록 해야 한다. 이를테면 남북군사공동위원회의 정례화, 기존 군사회담 기구의 역할 재조정 등을 생각해볼 수 있다.[61]

둘째로, 회담 목표의 우선순위를 정해야 한다. 즉 회담의 개최 또는 지속에 중점을 둘 것인가, 회담의 실질적 진전 또는 합의의

---

61) 국방장관회담을 최고 정점으로 하고 그 밑에 남북군사공동위원회(차관급/부부장급)을 두며, 그 산하에 부문(주제)별 장성급회담(대령/대좌 또는 상좌)과 실무회담(중령/상좌)을 두는 방안을 생각해볼 수 있다. 여기서 관건은 남북군사공동위원회의 정례화이며, 이것은 남북정상회담에서 합의되어야 할 정치적 결단의 문제이다. 제3차 남북정상회담에서는 남북군사공동위원회의 정례화를 공동선언에 명기하고 국방장관회담에서 제1차 남북군사공동위원회 회의의 일정 및 논의 주제를 합의문에 명기하는 방법을 마련하여야 한다(황진환·정성임·박희진, 「1990년대 이후 남북 군사분야 회담 연구:패턴과 정향」, 『통일정책연구』 제19권 1호(2010년, 통일연구원), 50쪽).

실천을 중시할 것인가를 결정해야 한다.[62)]

셋째로, 한국은 북한이 이전의 협상들에서 회담 주제를 협상수단으로 삼아 회담을 선택적으로 진행해온 점을 감안하여 주제별 회담의 장점을 살리면서도 회담 주제의 협상수단화를 피하는 협상전략을 강구해야 한다.[63)]

남북 군사회담이 다차원적으로 진행되는 과정에서 군비통제의 실천 가능한 방안들을 재검토하여 합의하고 이를 실행하게 되면 평화체제의 구축에 유리한 환경이 만들어질 것이다. 물론 군비통제, 특히 '운용적 군비통제'만으로는 분명히 한계가 있다. 남북한 군비통제는 군비축소로 나아가야 하며 평화협정은 주한미군의 단계적 철수로 이어져야 한다. 이렇게 될 때 평화협정과 군비통제가 맞물리면서 평화체제의 구축이라는 목표에 다가갈 수 있을 것이다.

군비축소는 평화협정 발효와 동시에 시행되어야 하며 이를 위

---

62) 한국이 군사회담을 장기과정으로 보고 주제별로 실무 차원에서 접근한데 비해 북한은 군사회담을 정치적, 경제적 이익을 얻는 단기수단으로 인식하고 대남 군사전문가를 회담대표로 내세워 왔다. 이러한 차이에 의해 회담이 파행과 재개를 거듭하여도 한국은 한반도의 긴장완화를 위해 회담의 유지에 중점을 두었다. 이에 따라 한국이 의도한 회담 주제와 남북 합의는 간과되거나 무시되어 왔다. 앞으로 한국은 군사회담에서 신뢰구축과 성과를 도출할 수 있는 실질적인 방안을 강구해야 하고, 이를 위해서는 합의의 실천 거부나 위반행위에 대한 대응조치를 강구해야 한다. 위반과 합의가 되풀이되어서는 회담은 진전되지 못하고 제자리를 벗어날 수 없기 때문이다(같은 글, 50쪽).

63) 군사회담의 정례화 및 제도화, 의제의 범위 및 수준의 진전, 군사적 신뢰구축 조치의 논의 등 회담의 지속성이 제도적으로 뒷받침되고 회담의 질적 수준이 높아질 때 비로소 한반도는 군사적으로 관리될 수 있으며 평화체제로 나아갈 수 있다(같은 글, 51쪽).

해서는 평화협정 협상에서 군비축소가 정식 의제에 포함되어야 한다. 만일 평화협정이 발효된 뒤에 군비축소에 관한 협상을 시작한다면 군축은 장기과제로 미루어질 공산이 크며, 그 만큼 평화협정 체결의 의미를 반감시킬 것이다. 군비축소는 남북한이 공격적 군사교리와 전략을 폐기하고 방어적 군사교리와 전략을 수립하는 한편, 이를 바탕으로 공격적 무기체계를 비롯한 전력을 감축하는 과정을 수반한다. 남북한이 각각 10~15만 명의 병력만 보유하게 된다면 상대방이 전면 공격을 해올지도 모른다는 우려를 크게 낮출 수 있을 것이다.

각종 무기체계와 장비도 방어적 군사교리와 전략, 병력 수준에 맞춰 감축하되 상대방의 종심 깊은 곳을 타격할 수 있는 지대지, 공대지, 함대지 무기체계를 우선적으로 줄여나가야 한다. 무기체계 중에서 대표적인 공격용 무기인 탱크, 장갑차, 야포, 전투기, 공격용 헬기, 함정(잠수함, 상륙정 포함) 등이 주된 감축 대상이 되어야 하며, 이들 무기체계의 양과 질을 일정 수준으로 제한하여야 한다. 또한 남북한 군비축소와 주한 미군철수를 연계하여야만 한반도에서의 군축을 실질적으로 이행할 수 있다.[64]

통일부가 2011년 발주한 연구용역 『남북공동체 기반조성사업(정책분야)』에서 평화공동체팀은 남북간 신뢰구축, 군비통제, 평화협정 체결, 역내 안보협력체계 운용, 군사통합 등 평화공동체

---

64) 『평통사 자료집』, 70~72쪽.

형성의 주요 과제별 추진방향을 제시하면서, "통일 후 안보환경을 평가하면서 통합된 군대 규모는 50만 명이 적정하다"고 제시한 바 있다.65)

---

65) 통일부 2011년 10월 7일 보도자료('남북공동체 기반조성사업' 결과보고회 개최: 평화, 경제, 민족공동체 선순환을 통한 통일국가 비전 제시) 평화공동 체팀은 군사통합에 대비한 '군사통합기본계획(가칭)'과 '군사통합정책'을 수 립해야 한다고 제시하면서, 군 규모는 약 50만명을 유지하되 군사통합 완성 단계에서는 통합군의 구조로 발전시켜야 한다고 제안했다. 육군은 북부사령 부, 중부사령부, 남부사령부로 편성 운용하고 해군은 동·서·남해 해역사령부 로 편성 운용하며, 공군은 남·북부전투사령부로 구분해 각 5개 전투비행단을 편성한다는 구상이다(《통일뉴스》, 2011년 10월 7일 보도).

4. 동북아 다자안보협력과 동북아 비핵지대화

한반도 평화체제가 제대로 작동하려면 적어도 두 요소가 충족되어야 한다. 하나는 남북한이 상호 간에, 그리고 주변국들과 관계를 정상화한 가운데 독립성과 주권을 존중하는 것이다. 말할 나위 없이 북·미 적대관계의 해소와 실질적인 관계정상화가 핵심이다. 이를 위해서는 한반도에 개입해 있는 주변국들 간의 다자적인 협의장치를 고려하지 않을 수 없다. 즉 한반도 내부 당사자들과 한국전쟁에 개입한 나라들을 포함한 주변국들이 분쟁 이슈들을 평화적으로 해결하기 위한 다자안보협의기구를 운영하는 것이다.

여기서 중요한 점은 동북아시아 다자안보협의기구가 강대국들 간의 '공존적 세력경쟁' 하에서의 군비증강에 몰두하는 강대국협의체로 전락해서는 안 되며 동북아 공동안보의 '지적 창의' 발전소가 되도록 하는 것이다.[66]

---

66) 이삼성, 「한반도 평화체제 구축에서 평화조약(평화협정)의 역할과 숙제」,

동북아 다자안보협력의 구조가 필요하다는 인식은 국내외에 널리 퍼져 있다. 한반도의 지정학적 특수성은 남북한과 미국, 중국이 참여하는 평화협정의 체결로 평화체제 구축 과정이 현실화될 때 동북아 다자안보협력의 틀을 함께 고려하지 않을 수 없게 한다. 한국은 일찍부터 다자안보협력의 중요성과 당위성을 역설해 왔고 북한은 다자안보협력체에 관한 논의가 '시기상조'라는 인식을 보여 왔다.

북한은 북·미 및 북·일 관계정상화, 대미 평화협정 체결, 미군 철수가 이루어지면 동북아 다자안보협력에 대해 반대를 할 이유가 없다는 입장이다. 북한의 한 외교관리(서창식 군축과장)는 1995년 2월 카트만두 유엔군축회의에서 "미국 및 일본과 외교관계를 수립하지 않은 상태에서 다자안보 대화에 참여하는 것은 불공정하기 때문"에 동북아 다자안보대화에 참여하지 않고 있다고 밝혔다. 또한 북한 외무성 대변인은 1999년 10월 14일에 《조선중앙통신》 기자의 질문 답변에서 동북아지역 다자안보협력체 창설은 '시기상조'라며 반대의 뜻을 표명하였다. 그는 "모두가 인정하고 있듯이 조선반도 문제는 동북아 안보 문제의 기본"이라며 "미군이 남조선에서 즉시 철수하고 조미 평화협정에 서명을 하며 북조선과 남조선이 대화와 협상을 통해 자주적으로 조국의 평화통일을 실현하기 위해 함께 앉았을 때 틀이 잡힐 수 있을 것"이라고

『한반도 평화협정 체결 전망과 과제』(평화.통일연구소 제2차 한반도 평화체제 토론회, 2007.5.9.), 12-13쪽.

강조했던 것이다.[67]

북한이 '시기상조'론 내지 '조건 성숙 후 논의'의 자세를 취하고 있지만 동북아 다자안보협력체의 창설 자체를 반대하지는 않는다. 이것은 지역 내의 다자안보협력체가 북한의 자주, 친선, 평화의 외교노선에 부합될 뿐 아니라 한반도의 지정학적 특수성이 동북아 다자안보협력체를 필요로 한다는 인식 때문이다.

중국이 2015년 3월 리커창(李克强) 총리의 전국인민대표대회(全人大) 정부업무보고에서 시진핑 주석이 강조해온 '신형(新型)국제관계'를 공식적으로 취급했던 사실에 주목할 필요가 있다. 중화권 언론들은 '2015년'을 시 주석이 세계질서를 새롭게 그리는 원년(元年)으로 평가하고 있다.

시 주석은 국제질서도 시대에 따라 변화해야 한다(與時俱進)는 주장을 펴고 있다. 그는 세계 모든 나라가 운명공동체이고 승자독식의 시대는 끝났다고 본다. '협력(合作)과 윈윈을 핵심으로 하는 새로운 국제질서'인 신형국제관계를 만들어야 한다는 것이다. 새로운 국제질서 하에서 모든 국가는 크기나 강약, 빈부에 상관없이 평등한 대접을 받아야 하고, 각국 국민은 자신이 선택한 발전의 길을 걸을 수 있도록 존중받아야 한다는 것이다. "신발이 발에 맞고 안 맞고는 자신이 신어보면 제일 잘 안다(鞋子合不合脚 自己

---

67) 백학순, 「한반도 평화체제 구축과 동북아 다자안보협력: 북한의 입장과 우리의 대응」(세종연구소 정책보고서 2006-05, 통권 제70호, 2006년 10월), 25-28쪽.

穿了才知道)"는 게 시진핑의 지론이다.[68]

이 점에 유념하면서 동북아 평화체제와 동북아 안보평화협력기구에 관하여 살펴보기로 한다. 동북아시아 평화체제의 기본방향에 대해서는 민주노동당 새세상연구소가 잘 정리한 바 있다.[69]

첫째로, 동북아 평화체제는 역내 국가들 간의 적대관계를 정상적인 관계로 전환해야 한다는 것이다. 북한과 미국, 일본은 적대관계를 종식시키고 외교관계를 수립해야 한다. 적대정책과 각종 제재 폐기에서는 북한보다 미국과 일본의 책임 있는 자세와 태도가 요구된다. 남북한은 6·15공동선언과 10·4선언을 이행함으로써 적극적인 관계 개선에 나서야 하고, 주변국들은 북한과 미국, 일본 관계정상화 실현과 남북관계 개선을 지지하고 이것이 지속될

---

68) 유상철, 〈시진핑이 그리고 싶은 새 국제 질서〉,《중앙일보》, 2015년 4월 22일자. 시진핑이 그리고 싶은 신형국제관계는 행동으로 돌입한 상태이고 '일대일로(一帶一路)' 건설이 그 구체적인 예이다. 일대(一帶)는 중앙아시아를 거쳐 러시아로 뻗는 육상의 실크로드 경제대, 일로(一路)는 동남아와 인도를 통해 아프리카와 유럽으로 이어지는 21세기 해상실크로드를 말한다. 관련 국가 인구는 세계의 63%에 해당하는 44억 명이나 된다. 자본 조달을 원활하게 하기 위한 아시아인프라투자은행(AIIB) 설립 추진도 순조롭게 진행 중이다. 왕이(王毅) 중국 외교부장은 2015년 중국 외교의 키워드로 '하나의 중점 두 개의 노선(一個重點 兩個主線)'을 꼽았는데 하나의 중점이 바로 '일대일로'이다. 두 개의 노선은 평화와 발전을 말한다. 중국이 일대일로 계획을 통해 구체화하려는 신형국제관계는 곧 세계 각국이 서로 상의하고 서로 건설에 나서 그 이익을 서로 공유하는 질서이다. 사회주의 국가건 자본주의 국가건, 또 무슨 종교를 믿든 어떤 가치관을 갖든 상관없이 모두 협력해 상생을 추구하자는 것이다.(같은 분석기사)

69) 박경순·장창준·류옥진, 「동북아 평화체제 보고서」(새세상연구소 정책연구보고서), 95~101쪽.

수 있도록 협력해야 한다.

둘째로, 동북아에 존재하는 전쟁구조를 해소해야 한다는 것이다. 동북아 전쟁구조를 타파하기 위해서는 미국의 패권정책의 폐기 또는 수정이 요구된다. 동북아 전쟁구조는 역내에 존재하는 전쟁구조들의 청산을 통해 해소될 수 있다. 전쟁구조를 해소하자면 ①북·미 간의 정치군사적 대결구조의 제거 ②남북 간의 군사적 대결의 청산 ③미국과 중국 간의 군사적 대결과 갈등 중지 ④일본의 군국주의 부활 시도의 중단 ⑤역내 동맹의 해체(동맹 해체 로드맵을 통한 단계적 실현) 등의 전쟁구조의 청산이 필요하다.

셋째로, 역내 국가들의 군비경쟁을 중지하고 군비통제 및 군비축소를 실현해야 한다는 것이다. 동북아 평화체제를 현실화하려면 군비경쟁의 중지와 군비통제, 나아가 군축까지 실현되는 것이 바람직하지만 가장 시급한 과제는 한반도 비핵화를 실행하는 과정에서 핵군축을 단행하는 것이다. 이것은 북한의 핵무기 개발이 국제현안이 되어 있는 조건에서 북한에게만 핵을 포기하라고 하는 것은 현실적으로 실현 가능성이 없을 뿐 아니라 정당하지도 못하다. 북핵 포기는 한반도 비핵화의 틀에서 해결되어야 한다.

이 과정에서 핵군축이 중요하다는 것은 말할 나위가 없다. 핵보유국은 한반도 배치된 핵무기를 폐기하는 동시에 동맹국에 대한 핵우산 제공을 철회해야 하고, 비핵보유국은 핵우산에 대한 의존도를 낮출 뿐 아니라 이를 제거하고 비확산 의지를 천명해야 한다.

오바마 대통령은 2009년 4월 5일에 프라하에서 '핵무기 없는 세상'의 비전을 제시한 이래, 2013년 6월 베를린에서 비축된 핵무기를 추가 감축하고 미 상원이 포괄적 핵실험 금지조약(CTBT)을 비준하도록 더욱 노력하겠다는 등의 목표를 제시하면서 "북대서양조약기구(NATO) 동맹국들이 유럽에 배치된 미국과 러시아의 전술핵무기의 의미 있는 감축을 위해 협력"할 것으로 밝혔다.[70]

그러나 한반도에서 평화체제가 성립된 바탕 위에서만 동북아 비핵지대[71]가 가능할 것이고 동북아 비핵지대의 형성은 미 군사

---

70) 핵군축의 진전을 방해하는 다양한 정치세력들이 있다. 오바마 대통령의 이니셔티브에 반대하도록 공화당원들을 압박하는 워싱턴의 당파적 정치 분위기, 부풀려진 핵 예산에서 이득을 취하는 핵무기 기업, 중국, 프랑스, 러시아, 영국 등 다른 핵무기 국가들 등이 그것이다. 미국에서 오바마에 반대하는 세력들이 주장하는 논점의 하나는 비축된 핵무기 혹은 핵무기 역할 축소와 같은 조치들이 취해지면 NATO, 일본, 한국과 같은 동맹국들에게 제공하는 보호와 확장 핵 억제력을 약화시켜 그들이 핵무기 개발에 나서도록 할 것이라는 것이다. (앨린 웨어, 핵군축을 위한 세계의원네트워크(PNND) 글로벌 코디네이터), 〈오바마, 핵무기 없는 세계 비전 포기했나〉(정전 60주년, 평화를 선택하자 16), 《프레시안》, 2013년 8월 19일자.

71) 한국에 핵무기가 배치되지 않았다는 사실이 검증되고 북한의 핵무기가 폐기되어 한반도 비핵화가 이루어진다고 하더라도 한국이 미국으로부터, 북한이 러시아로부터 핵우산을 제공 받게 된다면 한반도 비핵화는 군사적으로 의미가 없을 뿐 아니라 여전히 핵 위협에서 벗어나지 못할 것이다. 핵우산 제공은 한반도 비핵화와는 양립할 수 없으며, 한반도와 동북아에서 군사적 대결과 군비증강을 종식하고 평화로 나아갈 수 있을 것인지의 시금석이다. 한반도를 중심으로 반경 2,000Km 내외에서 핵무기 소유, 배치, 사용을 금지하는, 나아가 핵 함정이나 항공기의 통행까지 금지하는 동북아 비핵지대화는 미·러·중·일의 군사적 이해관계의 충돌로 실현되기가 매우 어렵다. 한반도 평화협정과 동북아 비핵지대화는 관련 당사자가 서로 일치하지 않기 때문에 동북아 비핵지대화 논의는 한반도 평화포럼이 아닌 동북아 다자안보협의체 실무그룹 등 다른 장에서 논의될 가능성이 크다(『평통사 자료집』, 72~73쪽).

력의 한반도에서의 물리적 주둔이 해소되는 과정과 맞물릴 수 있다. 한반도 비핵화가 제대로 이루어지려면 동북아에서 핵무기의 군사전략적 비중을 축소시키고 미사일 방어체제의 개발경쟁을 제한시키는 과정이 반드시 필요하다.

넷째로, 한반도 평화통일의 실현을 보장해야 한다는 것이다. 한반도 평화체제는 남북한의 통일 없이는 불안정구조가 장기화될 수 있고 동북아 평화체제도 이와 마찬가지이다. 동북아 평화체제가 성공하려면 한반도 평화통일의 실현을 적극 보장해야 한다.

다섯째로, 동북아 평화체제를 제도화하려면 회담을 정례화하고 실무기구를 구성해야 할 것이다. 참여국의 정상회담, 외교안보관계 장관회의, 실무대화 등이 정례화 되어야 한다. 동북아 평화체제의 각급 회담 운영과 합의사항의 이행을 위해서는 사무국이 필요하며 분야별 이행기구도 구성되어야 한다. 또한 실무그룹의 설치와 민간급 대화를 병행하여 평화실현 과제와 실천사항들을 구체적으로 협의, 집행함으로써 동북아지역에서의 평화 보장을 지속할 수 있어야 한다.

동북아시아 6개국은 이미 6자회담의 9·19공동성명에서 "동북아시아의 안보협력을 증진하기 위한 방법과 수단을 모색하기로 합의"한 바 있다. 2·13합의에서는 '동북아시아 평화안보체제 실무그룹'을 설치하고 "6자 장관회담에서 동북아 안보협력을 증진"하기로 합의하여 구체적인 행동조치까지 제시하였다. 이에 따라 2007년 3월 16일에 베이징 러시아대사관에서 1차 '동북아시아 평화안보체제' 실무회의가 열렸는데 이것은 동북아지역의 정부 간 다자안보협력대화의 첫 행사로 기록된다.

앞으로 6자 외무장관회담 또는 정상회담을 통하여 동북아시아 다자안보협력을 강화하는 기회로 활용해야 할 것이다. 유럽안보협력회의와 유럽안보협력기구의 사례를 벤치마킹하여 6자회담을 동북아안보협력회의로 출범시키고, 이를 점진적으로 동북아안보협력기구로 발전시켜나가는 것을 고려해볼 수 있다.

5. 평화운동세력의 당면과제

　평화세력은 한반도 평화체제의 구축을 위하여 지금 이 순간, 무엇을 할 것인가? '전쟁반대 평화실현'의 집단적 생각이 우선이다. 집단적 생각은 집단적 의지를 낳는다. 사람은 의지가 없으면 움직이고 않고 사람이 모인 집단은 더욱 그러하다. 평화를 향한 '행동하는 양심'이 급속히 늘어날 때 한반도 평화체제는 성큼 다가올 수 있다.

　평화의 함성이 자주통일의 함성과 만나 분단 70년의 장벽을 무너뜨려야 한다. 민족 내부의 분열과 외세 의존적 사고는 민족을 병들게 하고 대결과 반목, 나아가 전쟁위기를 초래하고 있다. 민족의 공동번영은 평화와 통일의 토대 위에서만 가능하다는 것은 누구나 다 안다. 그러나 아는 것만으로는 부족하다. 평화를 향한, 통일을 향한 '행동하는 양심'들이 이 땅에 꽉 들어찰 때, 그리고 평화와 통일을 향한 행동에 나설 때 유구한 역사의 우리 민족은 공동번영과 웅비의 날개를 펼 것이다.

한반도에서 삶을 영위하는 우리 민족성원들의 운명은 자주냐 예속이냐, 전쟁이냐 평화냐, 분단이냐 통일이냐의 '전략적 대결'에서 누가 승리하느냐에 따라 결론이 난다. 평화운동세력은 전쟁을 반대하고 평화를 실현하려는 대중들의 평화통일역량을 조직화해야 할 과제에 직면해 있다.

평화체제의 첫 걸음에 해당하는 평화협정 체결이나 평화체제의 구축과정에서 가장 중요한 한미동맹 해체와 주한미군 철수는 북·미 간의 협상만으로는 해결될 수 없다. 분단체제와 동맹 강화의 피해자인 대중들이 하나같이 떨쳐나서서 평화와 통일의 함성으로 미국의 한반도 분단정책을 비판하고 변화시킬 때 평화분위기가 고양될 수 있다. 평화도, 통일도 적극적인 활동 없이는 얻을 수 없다.

평화운동세력은 '전쟁반대 평화실현'과 '자주통일'의 조직화를 위해 대중들의 평화에 대한 자각과 감성을 일깨워야 한다. 이를 위해서는 첫째로, 평화운동의 일상화를 위하여 평화운동세력의 이론 무장이 중요하고, 둘째로, 평화운동의 대중화를 위한 평화교육을 체계화하고 다양한 평화매체를 개발하여야 하며, 국내외 평화운동세력의 연대·연합이 필요하다.

1) 평화운동의 일상화와 이론 무장

평화운동세력은 누구나 '평화운동의 일상화'의 중요성을 알고 있지만 그 실행은 말처럼 쉽지가 않다. 평화운동단체들이 주한 미국대사관 앞을 비롯한 광화문, 시청 일대에서 '전쟁반대 평화실현'의 메시지, 특히 전쟁위기를 불러오는 한·미 합동군사연습에 대한 반대의사를 천명하는 집회를 개최해온 것은 어제 오늘의 일이 아니며, 계기가 있을 때마다 전국적으로 반전평화 집회가 열리고 있다. 수십 명, 수백 명의 대중들이 피켓과 플래카드 등을 들고 참가하는 집회에서는 간단한 기자회견과 반전구호 외치기, 다양한 현장 퍼포먼스가 진행된다.

반전평화 집회의 양상을 찬찬히 살펴보면 그 단체에, 그 얼굴들이 반복적으로 등장하는 것을 곧 알 수 있다. 평화운동세력의 열정적인 활동과 눈물겨운 노력에 비해 '대중적 확장성'은 매우 부족한 게 오늘 평화운동의 현실이다. 이것은 평화운동이 민중생존권 투쟁 등과는 달리 대중들의 '직접적인 이해관계'와는 동떨어져 있다는 인식이 널리 퍼져 있기 때문이다.

대중들은 철마다 찾아드는 전쟁위기에 넌더리를 내면서도 이것을 자신의 '직접적인 이해관계' 차원으로 보지 않는 경향이 있다. 이 경향은 쉽사리 극복될 성격의 것이 아니다. 대중들이 스스로의 자각으로 평화지향적 대중으로 탈바꿈하는 것은 매우 어려운 일이고, 그만큼 평화운동의 일상화는 쉽지 않은 일이다.

민중생존권 투쟁이든 평화통일을 위한 활동이든, 모든 운동은 대중들이 낡은 사고와 관성에서 벗어나 실천활동에 적극 참여할 때부터 시작된다. 대중들의 낡은 사고와 관성을 깨트리는 효과적인 수단은 정확한 논리와 호소력 있는 감성이다. 그 논리와 감성은 이론적 기반 없이는 '모래 위의 누각'과 같아서 곧 무너질 수 있다.

　평화운동을 적극 전개해온 활동가들 가운데 적지 않은 이들이 이론 학습에는 무관심하고 자신의 실천활동을 전부로 생각하는 경향을 보인다. 평화활동가들이 대중들의 관심과 지지를 획득하려면 한반도와 동북아의 정치군사적 지형의 본질에 관한 통찰력, 역사적 사실에 관한 지식과 논리, 나아가 정세변화에 대한 과학적 인식 등을 고루 갖추어야 한다. 이론적 지향을 '말공부'로 치부할게 아니라 대중들을 평화운동에 이끌어 들이는 강력한 수단임을 깨달아야 한다.

　일찍이 1970~80년대에 고 리영희 교수가 『전환시대의 논리』, 『우상과 이성』 등의 저작으로 이 땅의 숱한 젊은이들을 민주와 통일을 향한 청년으로 거듭나게 하였던 역사적 사실을 우리는 뚜렷이 기억하고 있다. 리 교수의 저작에 실린 평론들은 한반도와 동북아의 현대사와 정세를 다루었고 이것이 청년들의 사고를 '대전환'시킨 기폭제가 되어 민족적이고 진보적인 사상이 발전하는 토양을 만들어냈다. 지금도 리 교수처럼 한반도와 동북아의 현대사와 정세를 깊이 있게 설명함으로써 대중들에게 강한 자각과 성찰을 주는 실천적 지식인이 필요하다.

평화운동세력의 어려움은 리 교수처럼 언론인과 교육자의 길을 걸었던 지식인들 가운데 평화운동의 이론적 토대와 과학적 정세 해설이 가능한 이들을 찾는 것이 쉽지 않다는 점이다. 국내의 언론사와 대학, 연구기관 등의 전문가 사회에는 신자유주의와 보수주의가 만연해 있고 그 속에서 평화운동세력을 찾기란 쉽지가 않다. 전문가사회에 진보적이고 실천적인 평화운동세력이 전혀 없다는 뜻은 아니지만, 그 숫자가 극소수이고 영향력도 미미하다는 것이다.

이러한 상황에서 해답은 자명하다. 평화활동가들 스스로가 현장의 실천활동과 조직화에 나서는 가운데 연구 활동에도 적극 나서는 것이다. '이론'이라 해서 마르크스-레닌주의와 같은 인류의 역사를 바꾼 정도의 사상이론을 연마하자는 취지는 아니다. 평화활동가의 '이론' 무장은 한반도와 동북아의 정치군사적 지형의 본질에 관한 통찰력, 역사적 사실에 관한 지식과 논리, 나아가 정세변화에 대한 과학적 인식 등을 갖추는 것으로 충분하다.

한마디로 말해 우리가 처한 현실에 관한 '공부' 길에 들어서야 한다는 것이다. 민족의 현실에 관한 '공부'는 혼자 하는 것보다 '여럿이 함께' 하는 것이 바람직하다. 모든 평화운동단체에서 한반도와 동북아의 정치군사적 지형의 본질과 역사적 사실, 정세변화에 관한 학습을 조직하고 이를 일상화해야 한다.

아울러 모든 평화운동단체는 각종 세미나를 다른 단체들과 개인들에게 문호를 개방하여 연대활동의 기틀을 마련하고 공동인식을 확산해 나가야 한다. 평화운동의 '대중적 확장성'을 위해 무엇보다 필요한 것이 지식과 활동의 결합이다.

2) 평화교육의 전면화와 평화매체 개발

평화운동의 '대중적 확장성'을 위해서는 평화교육의 전면화와 다양한 평화매체의 개발이 요구된다. 평화활동가에게는 이론과 실천활동의 결합이 가장 중요하지만 평화운동에 동참하는 대중들에게는 평화교육이 시급하다.

평화교육을 전면화하려면 한반도와 동북아의 정치군사적 지형의 본질과 역사적 사실, 정세변화 등에 대하여 '대중의 언어'로 설명하는 작업이 반드시 필요하고, 그 과정에서 중요한 것은 한반도와 동북아의 '전쟁과 평화' 문제를 올바로 보는 '관점'이다. 정세교육은 자칫 어렵다는 인상을 주기 쉽다. 정세 교육에서 전달해야 할 객관적인 사실이 많고 그 내용이 복잡하고 전문성을 수반하기 때문이다.

그러나 잘 생각해보면 대중들은 누구나 신문과 방송, 인터넷매체, SNS 등의 '정보의 바다'에 빠져 있어 쉴 새 없이 정보에 노출된다. 정보의 홍수 앞에서 대중들의 혼란과 각성은 '전문성'의 부족과 '관점'의 차이에서 비롯된다. '전문성'의 부족은 '대중적 언어'에 의한 교육으로 극복하고 '관점'의 차이는 이론과 활동의 결합에 의해 더욱 예리해지고 단단해진다. 따라서 평화교육은 '대중적 언어'로 교양하고 다양한 평화활동과 결부시키는 방향으로 나아가야 한다.

평화교육을 전면화하려면 또한 교육 프로그램과 시스템을 올바로 수립하여야 한다. 한반도 평화체제 구축의 성공 여부는 이를 주도하는 국내외 시민사회의 개인들과 단체들, 그리고 남북한과 관련국들의 당국자들이 평화적 갈등해결의 의지와 능력을 얼마나 갖고 있는가에 의해 규정될 것이다.

국가와 시민사회는 갈등(분쟁)과 폭력 요인을 평화적으로 해소하기 위한 '갈등(분쟁) 해결' 교육 프로그램을 개발하고 그 시스템을 만들어야 한다. 평화운동단체를 비롯한 시민단체의 교육 프로그램과 시스템은 그 출발부터 자율성을 중시하기 때문에 문제가 많지 않으나, 국가가 진행하는 교육 프로그램과 시스템은 자칫하면 일방적으로 강요되는 집체안보교육에 빠질 우려가 있다. 이 점은 국내에서 진행되어온 각종 안보교육에서 충분히 확인된 바 있다.

이런 점 때문에 보수전문가들조차도 집체안보교육이 아닌 평화교육을 활성화하고, 이를 위한 시민사회의 자발적인 노력을 지원하는 등 '평화인지적 문화'를 조성하는 노력을 기울여야 한다고 지적한다.[72]

---

72) 참여연대 평화군축센터, 위의 책, 14~15쪽.

평화운동단체들은 평화교육 프로그램을 만드는 과정에서 서로 협력함으로써 시너지를 거두고 생각의 편차, 이론과 실천의 괴리 등을 함께 극복해나갈 수 있다. 교육 프로그램의 작성과정에서 필요하다면 보수지식인들의 도움(연구성과 활용 및 자문)도 받아야 하겠지만, 관점에서 혼란이 있어서는 안 될 것이다.

평화운동세력은 교육 시스템을 공동으로 갖추는 것이 효율적일 수 있음을 감안하여 공동의 '평화연구 및 교육기관'의 창설에 나설 수도 있다. 교육 프로그램은 청소년용, 대학생용, 일반인용 등으로 구분해서 만들고 그에 맞는 시스템을 구축하며, 특히 대학생과 일반인에 대해서는 교육과 실천활동을 밀접하게 결부시켜야 할 것이다.

그리고 평화교육 프로그램과 시스템에서 다양한 매체를 개발하는 것도 매우 중요하다. 21세기는 '정보유통의 혁명의 세기'이다. 평화교육은 강의실에서만 이뤄지는 것이 아니고 다양한 매체들을 통해 일상적으로 이뤄지는 것이 바람직하다. 아날로그로는 단행본과 정기간행물의 발간이 기본이고 디지털로는 인터넷(평화운동단체들의 홈페이지 활성화, 주요 평화활동가들의 블로그 활성화 등)과 SNS(페이스북, 밴드 등)가 기본이다.

평화운동세력은 보수세력이 장악하고 있는 신문과 방송(공중파, 케이블)에 미련을 가질 필요가 없을 것이다. 보수매체들의 영향력은 날이 갈수록 떨어지고 있고 신문산업은 이미 사양길에 접어들고 있다. 진보적 대중들이, 평화지향적인 대중들이 언제, 어디서나 이용할 수 있는 아날로그와 디지털 교육자원을 풍부하게 만드는 것이 급선무이다.

평화콘텐츠 생산의 중요성은 아무리 강조해도 지나치지 않다. 평화콘텐츠가 풍부하지 못하면 아무리 매체가 많아도 무용지물이다. 평화콘텐츠는 문헌자료(텍스트)에 그치지 말고 사진과 그림, 웹툰, 동영상 등 멀티미디어 자료로 제작하여 대중적 친화성을 높여야 한다.

3) 국내외 평화운동세력의 연대·연합

한반도 평화문제는 동북아 냉전체제와 관련국들 간의 군사적 대립과 영토 갈등 등이 밀접하게 연결되어 있다. 동북아 국가들에서 정도의 차이는 있지만 시민사회가 발전하고 있고 미약하나마 평화운동단체들의 활동이 늘어나고 있다. 동북아 시민사회의 발전에 따라 국경과 협소한 국가이익의 이해를 넘어 지역평화 문제를 논의할 수 있는 여건이 성숙되고 있다.

동북아 국가들의 시민사회들 간의 평화와 공존, 갈등 해결방안을 논의하는 포럼을 형성하고, 연구자단체, 자치단체, 의회 간 협력 등을 아우르는 다양한 행위자 간의 소통과 협력체계를 구축한다면 지역평화에 큰 도움이 될 것이다.

이렇게 볼 때 국내의 평화운동단체들은 동북아 국가들의 평화운동단체들과 활발한 교류와 연대·연합을 만들어나갈 필요가 있다. 한 단체의 힘은 미약하지만 국내의 평화운동 시민단체들이 연대·연합하고 나아가 다른 나라들의 평화운동 시민단체들과의 연대·연합을 강화한다면 한반도와 동북아 관련국들 간의 군사적 대립과 영토 갈등 등을 완화시키는데 긍정적으로 작용할 것이다.

그동안 무장 갈등 방지를 위한 글로벌 파트너십-동북아 회의 (GPPAC-NEA), 여성 6자회담 등 역내 평화네트워크가 존재해왔지만, 동북아 비핵지대화를 목표로 북핵 문제를 포함해 역내 전반적인 군비 경쟁 감시, 활동 공유 및 공동 행동 기획 등을 위해 상시 평화네트워크를 조직할 필요가 있다.[73]

특히 한반도 평화체제의 구축은 남북한만의 과제가 아니고 그 영향이 미국, 중국, 러시아, 일본 등 관련국의 현재와 미래에 직접적으로 작용한다. 국내외 평화운동세력의 활발한 연대·연합은 한반도 평화체제의 구축을 앞당길 것이다. 연대·연합 과정에서 학술회의와 토론회 등도 중요하지만 이에 그칠 것이 아니라 공동행동을 위한 다양한 행사를 조직하고 관련국 정부에 '전쟁반대 평화실현'을 촉구하는 정책건의에 적극적으로 나서야 한다.

한편, 평화운동세력은 국내에서 안보정책의 투명성을 높이고 문민통제 장치를 보완하며 시민사회의 의사결정 참여 및 견제를 제도화함으로써 안보문제에 대한 민주적 통제를 강화하여야 한

---

73) 서보혁, 「휴전이 낳은 괴물 북핵, 대타협 외길만 남았다」(정전 60주년, 평화를 선택하자 1), 『프레시안』 2013년 2월 21일자.

다. 평화운동세력은 국회에서 국방예산을 비롯한 군사안보분야 예산지출의 적정성, 타당성, 기회비용에 대한 논의를 활성화하고 시민사회의 참여를 제도화하는 과제, 대통령과 그 지휘를 받는 군의 군사력 사용과 국내외 군사적 개입 여부에 대한 통제권을 갖게 하는 과제 등에도 관심을 집중하여야 한다. 안보문제와 관련된 국회보고체계와 정책청문회를 활성화하는 등 국회의 역할을 강화하는 것은 평화환경 조성에 필수적인 요소이기 때문이다.[74]

이것은 평화운동세력이 시민사회의 평화운동의 틀을 뛰어넘어 정책부문에까지 활동영역을 넓혀야 함을 의미한다. 평화운동세력이 국내에서 정책부문으로 활동영역을 넓혀나가는 가운데 국내외 평화운동세력의 연대·연합은 관련국 정부에 대한 감시와 견제(전쟁반대 활동), 정책건의(평화실현의 환경조성)의 지평을 넓혀나가게 될 것이다.

전쟁이냐, 평화냐? 이 땅에 평화를 가져오려면 평화운동세력과 진보적인 대중들이 평화체제를 '선택'하는 일이 가장 중요하다. 한반도 평화체제는 민족의 공동번영과 통일의 길을 여는 '대통로'이기 때문이다.

---

74) 참여연대 평화군축센터, 같은 책, 14쪽.

급변하는 동북아시아의 정세 속에서 전개되고 마련될 한반도평화체제의 수립과정과 내용은 한반도뿐만 아니라 동북아시아의 평화정착을 촉진하는데 기여할 것이다. 한반도평화체제가 곧 동북아시아 평화정착의 받침돌이 된다는 것이다. 따라서 한반도 평화와 동북아의 평화정착이 맞물릴 수 있도록 한반도평화체제가 수립되어야 한다.

첫째, 무엇보다 한반도평화체제의 직접 관련 당사국에 반드시미국을 참여시키고 미국에게 '최대의무'를 부과해야 한다. 그동안미국의 패권적 동북아시아 정책이 한반도뿐만 아니라 동북아시아평화정착을 가로막는 최대걸림돌로 작용해왔기 때문이다.

미국 주도의 한·미·일 군사동맹이 계속적으로 강화되거나 북한과 미국·일본 사이의 적대관계가 지속될 경우 한반도와 동북아시아의 평화정착은 요원하다. 미국에게 최대의무를 부과하는 것은 한반도뿐만 아니라 나아가 동북아시아 평화정착을 위해서도 필수적 과제이다.

둘째, 한반도와 동북아시아의 평화는 중국이 러시아와 연대해 군비확장을 기반으로 한 미국과의 패권경쟁을 지속할 경우에도 정착되기 어렵다. 따라서 중국은 한반도평화체제의 당사자가 되어야 할 뿐만 아니라 미국 못지않게 많은 의무를 지녀야 한다. 한반도평화체제 수립 과정에서 중·미 사이에 한반도와 동북아시아의 긴장완화를 위한 합의를 만들어내는 것은 한반도와 동북아시아의 긴장완화에 중대한 기여를 할 것이다.

셋째, 한반도평화체제는 동북아시아의 평화가 실질적으로 진전될 때 안정적으로 유지될 수 있다. 이를 위해 한반도평화체제의 수립당사자인 남·북·미·중은 상호의무의 책임 있는 준수 뿐 아니라 러시아와 일본을 포함한 동북아시아 다자안보협력체제 수립을 위해서도 공동으로 노력할 것을 합의할 필요가 있다.

이 과정에서 남북은 좁게는 중국과 미국, 넓게는 중·미·러·일 사이에서 '동북아시아 평화촉진자'로서의 역할을 수행해 나가야 한다. 지나온 20세기에 수천만 명의 목숨을 앗아간 대규모 전쟁이 끊이지 않았고, 냉전이 끝난 이후에도 지속적인 군비경쟁으로 세계의 화약고가 되어 버린 '비극과 공포의 땅' 동북아시아에서 평화촉진자로서의 역할을 적극적으로 수행하는 것이 21세기 우리민족에게 부여된 역사적 사명이다.

한반도 평화체제 수립과정과 통일

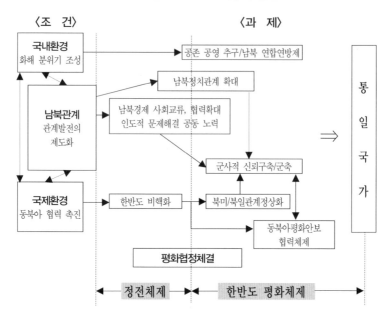

또한 한반도평화체제가 공고화되기 위해서는 동북아시아의 평화가 진전되어야 할 뿐만 아니라 평화통일이 진전되어야 한다. 남북이 정치·군사·경제·사회문화 등 모든 영역에서 안정적으로 교류협력하며 통합수준을 높여갈수록 당사국끼리의 한반도평화협정에 의해 수립된 한반도평화체제가 공고화될 수 있다. 따라서 어떠한 경우에라도 한반도평화체제 수립방안은 통일지향성을 지니고 있어야 한다.

또한 남북의 통합수준이 높아질수록 동북아시아의 긴장과 갈등을 완화시키는 평화촉진자로서의 위상과 역할 역시 함께 높아질 것이다. 한반도평화체제를 기반으로 통일된 남북이 동북아시아 평화정착의 중추가 되어야 한다.

저자 _ 김은진

동아대학교 사회학과 졸업한 후 시민단체 활동을 시작해 (사)부산여성회 여성실
업대책본부 집행위원장, (사)부산여성회 부회장, 부산비정규노동센터 소장을 역
임했으며, 민주노동당에서 통일외교담당 최고위원과 민주노동당 한반도평화운
동본부장으로 활동했다.
현재 615 공동선언실천남측위원회 공동집행위원장, 장그래살리기운동본부 공동
집행위원장, 한국진보연대 집행위원장으로 활동하고 있다.

한반도 평화체제론
-함께 걸어가는 평화의 길

초판 인쇄 | 2015년 6월 2일
초판 발행 | 2015년 6월 8일

저   자 | 김은진
발 행 인 | 한정희
발 행 처 | 리아트코리아
등록번호 | 제2015-000055호(2015년 2월 12일)
주   소 | 서울특별시 마포구 마포대로4다길 8(마포동)
전   화 | 718-4831~2
팩   스 | 703-9711
홈페이지 | http://kyungin.mkstudy.com
이 메 일 | kyunginp@chol.com

ISBN 979-11-955516-2-0 94300
      979-11-955516-0-6 (세트)
값 13,000원